Conflitos de Leis de Proteção de Dados Pessoais

Conflitos de Leis de Proteção de Dados Pessoais

BRASIL E UNIÃO EUROPEIA EM PERSPECTIVA

2024

Pedro Silveira Campos Soares

ALMEDINA

CONFLITOS DE LEIS DE PROTEÇÃO DE DADOS PESSOAIS
BRASIL E UNIÃO EUROPEIA EM PERSPECTIVA

AUTOR: Pedro Silveira Campos Soares

DIRETOR ALMEDINA BRASIL: Rodrigo Mentz
EDITORA-CHEFE: Manuella Santos de Castro
EDITOR PLENO: Aurélio Cesar Nogueira
PRODUTORA EDITORIAL: Erika Alonso
ASSISTENTES EDITORIAIS: Laura Roberti, Tacila da Silva Souza e Patícia Romero

DIAGRAMAÇÃO: Almedina
DESIGN DE CAPA: FBA

ISBN: 9788584936922
Abril, 2024

Dados Internacionais de Catalogação na Publicação (CIP)
(Câmara Brasileira do Livro, SP, Brasil)

Soares, Pedro Silveira Campos
Conflitos de leis de proteção de dados pessoais
Brasil e União Europeia em perspectiva / Pedro
Silveira Campos Soares. – São Paulo: Almedina, 2024.

ISBN 978-85-8493-692-2

1. Direito 2. Proteção de dados – Legislação – Brasil
3. Proteção de dados – Leis e legislação – Países da União Europeia
4. Proteção de dados pessoais I. Título.

24-196710 CDU-342.721

Índices para catálogo sistemático:
1. Proteção de dados pessoais: Direito 342.721
Eliane de Freitas Leite – Bibliotecária – CRB 8/8415

Este livro segue as regras do novo Acordo Ortográfico da Língua Portuguesa (1990).

EDITORA: Almedina Brasil
Rua José Maria Lisboa, 860, Conj.131 e 132, Jardim Paulista | 01423-001 São Paulo | Brasil
www.almedina.com.br

Technology is neither good, nor bad; nor it is neutral.

Melvin Kranzberg
Technology and History: "Kranzberg's Laws"
Technology and Culture, vol. 27, 1986, p. 547.

The Internet is like a new country, with a growing population of millions of well educated citizens.

Luciano Floridi
Internet: Which Future for Organized Knowledge, Frankenstein or Pygmalion
International Journal of Human Computer Studies vol. 43, 1995, p. 261.

À Bárbara, minha esposa, e ao Bernardo, meu filho.

AGRADECIMENTOS

O período de elaboração dessa obra coincide com um momento fundamental da minha vida: o nascimento do meu filho. Foi um período atribulado e desafiador. Não fosse o inestimável e inesgotável carinho de minha esposa, Bárbara, certamente a pesquisa que se tornou esse livro teria ficado pelo caminho. A você, meu amor, devo agradecer em primeiro lugar, por deixar, a todo dia, estampado nas nossas caras que, com amor e companheirismo, todos os desafios são mais fáceis de superar.

A inspiração desse trabalho nasce dos debates sobre direito não-estatal conduzidos pelo Prof. Ralf Michaels, em Duke, na primavera de 2015. Foi lá onde tive os primeiros contatos com esse campo tão relevante para o direito, filosofia, sociologia e antropologia. E foi a partir daquele momento que passei a revisitar os estudos sobre o Direito do Comércio Internacional e sobre os métodos adequados de solução de disputas, a partir da perspectiva do direito não estatal e da autorregulação.

O encaixe dessa disciplina no campo do Direito Internacional Privado e da proteção de dados pessoais veio por inspiração do Prof. Fabrício Bertini Pasquot Polido, que gentilmente aceitou assumir a orientação deste trabalho. Tenho nele a inspiração de um professor e advogado atento às limitações do direito positivo e às novas formas de enxergá-lo, o que é, essencialmente, o objeto aqui debatido. Por isso, deixo consignada minha satisfação de ter tido a oportunidade de participar de suas aulas e de acumular um pouco de seu conhecimento. Fica aqui também registrada minha gratidão pela paciência, apoio e tranquilidade com que conduziu o processo de orientação, dando a mim a liberdade necessária para que pudesse encontrar o recorte ideal para o trabalho ora concluído. Você é, sem dúvida, um professor com "P" maiúsculo.

Do ponto de vista técnico, meus estudos contaram com o inestimável apoio de Carlos Barbieri, recorrentemente citado na obra, e que me confirmou, logo nos momentos iniciais da estruturação da pesquisa, que a discussão sobre lei aplicável a dados pessoais em um ambiente de hiperconexão é relevante para viabilizar um quadro normativo que permita, na prática, a circulação de dados e a evolução tecnológica.

Os estudos que deram origem ao livro foram majoritariamente conduzidos nos anos em que a pandemia esteve mais forte no Brasil. Não posso deixar de registrar o esforço abissal do Programa de Pós-graduação em Direito da Universidade Federal de Minas Gerais não só em manter a tradição, como também em dar condições ao seu corpo docente para ministrar aulas valiosíssimas para as reflexões desse trabalho. Com efeito, não fossem Marco Antônio Alves e Brunello Stancioli teria sido mais difícil conhecer e compreender Luciano Floridi e a *infosfera*. Sem Francisco de Castilho Prates os debates sobre constitucionalismo digital, liberdade de expressão e legitimidade democrática ficariam mais áridos. As interfaces entre tecnologia, propriedade intelectual e direito seriam menos evidentes sem as disciplinas conjuntas conduzidas por Fabrício Polido. Por fim, vale deixar registrado o apoio essencial de Marcelo Maciel Ramos no desenvolvimento metodológico desse trabalho.

Aos Professores Francisco de Castilho Prates, Marco Antônio Souza Alves e Caitlin Mulholland deixo uma mensagem de agradecimento por terem atentamente lido essa obra para participarem das bancas de qualificação e/ou defesa.

Um agradecimento especial aos meus pais, Wellington e Fátima, por terem colocado o estudo em lugar de destaque na minha formação e de meus irmãos, aos quais também agradeço enormemente. Tenho em vocês exemplos de vida, sem os quais não teria a perseverança e a dedicação de colocar no papel essas reflexões. Só uma casa recheada de livros e de amor poderia permitir isso.

Não posso também deixar de agradecer aos meus sogros, Toninho e Heloísa por todo o apoio. Essa obra foi escrita, em boa parte, nos domingos à tarde, na sua casa.

Aos meus sócios Antônio e Rafael e a todo o time de SMP Advogados registro aqui minha satisfação de poder integrar uma equipe que alia a prática da advocacia ao constante desenvolvimento acadêmico.

Aos meus amigos que, gentilmente, ocuparam seu tempo com a revisão desse trabalho deixo aqui um "salve". Nomeadamente, aí vai meu muito obrigado para Bernard Potsch, Giovana Benetti, Pedro Martini, Ricardo Dalmaso Marques e Rodrigo Moreira.

Se esse trabalho representa um esforço de ressignificação do direito, a chegada do meu filho, Bernardo, ressignificou minha vida e, com certeza, a vida da Bárbara. Estar com você, Bernardo, é o mais precioso, e não há teorias, cosmopolitas, plurais, estatais, não estatais, internacionais ou universais que possam explicar isso. Esse trabalho é dedicado a você e sua mãe.

APRESENTAÇÃO

É com alegria que apresento aos caros leitores a presente obra intitulada "Conflitos de Leis de Proteção de Dados: perspectiva Brasil x União Europeia", de autoria de Pedro Silveira Campos Soares, e resultado de sua Dissertação de Mestrado pelo Programa de Pós-Graduação em Direito da Universidade Federal de Minas Gerais, defendida em abril de 2023. Na condição de orientador, não poderia furtar-me da tarefa de contribuir com uma introdução metodológica ao trabalho desde o horizonte de um percurso investigativo na área interseccional entre direito internacional privado, estudos jurídicos comparados e proteção de dados, e abandonar qualquer pretensão meramente ensaística ou preocupada com as tecnicalidades normativas sobre o tema. Aliás, é justamente uma deturpada visão dogmatista contaminando a academia jurídica no Brasil e exterior, que oculta as potencialidades de transformação, prevenção e comunicação trazidas pelo Direito em vários setores, e esse aspecto parece não ser diferente em boa parte dos trabalhos editoriais hoje comercializáveis e de baixa consistência em temas envolvendo Direito, tecnologias e proteção de dados.

Modismos à parte, definitivamente esse não é o resultado oferecido pelo trabalho inédito e de enorme qualidade desenvolvido pelo autor. Em sua obra, Pedro Soares aborda questões centrais relativas ao direito internacional privado desde a perspectiva do fluxo de dados no espaço transfronteiriço, os regimes normativos de proteção de dados pessoais e os envolve a partir da dimensão normativa e institucional do direito internacional privado. Nesse sentido, existe uma percepção, já consolidada no texto ora apresentado, de que o ambiente digital e a intensa plataformização das relações civis, políticas, econômicas, sociais e culturais em escala transnacional tensionam o campo do direito internacional privado e premissas básicas de territorialidade, soberania, jurisdição nos espaços estatais. Eles projetam expectativas de revisão ou revisita para o direito internacional privado, como as relacionadas a um de seus setores elementares, o tradicional domínio do "conflito de leis" e o conjunto das regras de determinação da lei aplicável às relações pluriconectadas.

Para responder a muitas das questões de pesquisa, a obra é divida em duas grandes partes, comportando quatro capítulos, todos arranjados com o objetivo de explorar questões conceituais e normativas da interface entre direito internacional privado e proteção de dados. Eles igualmente permitem discutir alguns aspectos vitais da proteção de dados em um mundo hiperconectado, cada vez mais dependente de atividades computacionais e informáticas, do processamento intensivo de informações e de miniaturização de tecnologias, ao mesmo tempo em que lidam com desafios trazidos pela deslocalização de pessoas, bens, serviços, capitais e tecnologias para além da noção marginal de território no confronto com a infosfera.

Em sua primeira parte, "Ubiquidade e Hiperconexão", a obra mergulha no oceano dos dados e de como eles são processados, oferecendo compreensão analítica da infraestrutura tecnológica que sustenta a era da informação e da massificação das operações de tratamento de dados pessoais em setores da indústria e governos. Desde uma discussão sobre a onipresença pretérita dos transistores até a onipotência dos algoritmos, das plataformas digitais e dos modelos de negócios orientandos por computação em nuvem, o leitor será guiado por um percurso que esclarece os fundamentos tecnológicos subjacentes à proteção de dados. Esse, sim, ao que parece, diz respeito a um conjunto teórico e de aplicação social que somente a imersão na vida universitária, de trocas, de abertura para novas experiências e críticas, poderia formular. A vantagem comparativa do trabalho acadêmico elaborado por Pedro Soares, nesse sentido, é despir-se das amarras doutrinárias ou jurisprudenciais típicos de uma visão tecnicista do Direito e restar aberto aos diálogos interdisciplinares e transnacionais.

A segunda parte, que discute os contornos da "Lei Aplicável na Infosfera", torna-se proposta de investigação cuidadosa de quais critérios definem ou podem vir a definir – a partir de regras de conexão disponíveis no conjunto de normas e princípios do direito internacional privado – as leis materiais que que regulam as relações transfronteiriças envolvendo dados pessoais e seus regimes de proteção. Desde uma preocupação analítica sob as lentes do direito internacional privado, o trabalho considerou a vida na infosfera e hiperconexão como desafios (e eu diria, "autênticos") do direito internacional privado. São referenciados os critérios possíveis para definição do alcance territorial das leis e lei aplicável às relações pluriconectadas, considerando elementos de conexão válidos na construção de regras de conflito de leis, como o local de tratamento dos dados pessoais, o local de captura dos dados, o local do titular e o local do serviço ou do bem.

Ao estabelecer uma viável e factível comparação entre a Lei Geral de Proteção de Dados (LGPD) brasileira e o Regulamento Geral de Proteção de Dados (RGPD) da União Europeia, a obra também superará as ideias reducionistas de transplantes legais ou importação de modelos jurídicos que contaminam legisladores e tribunais domésticos, fazendo verificar, antes, as complexidades do influente "efeito Bruxelas" sobre o sistema jurídico brasileiro. O autor prossegue em sua análise com uma proposta de regulação normativa para ambiente digital plural, que reconhece a visão cosmopolita, o pluralismo, as ordens normativas não-estatais, a abertura dialética na LGPD brasileira como experimentos para o direito internacional privado e tecnologias, especificamente no domínio de proteção de dados pessoais. Sem descuidar das instituições brasileiras, o próprio papel da ANPD deve ser revisitado em um espaço válido de intervenção inovadora e criativa, a pensar justamente as oportunidades para debates multissetoriais e que sejam guiados por métodos de aplicação normativa da LGPD e suas interlocuções possíveis com normas de proteção de dados de outros estados ou organizações regionais.

A conclusão da obra seguirá atualizada, a propor o chamado à reflexão sobre a aplicação das leis de privacidade e proteção de dados relativamente a aspectos que não são meramente decorrência (por causalidade) da soberania dos estados e seus espaços jurisdicionais. Ao contrário, soberania e espaços jurisdicionais são hoje compartilhados a partir de vetores de cooperação internacional e respeito aos direitos fundamentais. Aqui reside, pois, a centralidade dos mecanismos de proteção dos direitos de titulares, sob o tripé da privacidade, autodeterminação informativa e proteção de dados, como assegurados pelos arts. 5º, incisos X e LXXIX, da Constituição, e os tratados e convenções de direitos humanos de que o Brasil é parte. Para o direito internacional privado, os resultados aplicativos das regras de conexão, com base no domicílio dos titulares de dados, local das atividades de tratamento e local dos danos, conduzirão juristas a respostas normativas substantivas para incrementar o objetivo sistêmico de proteção. Independentemente de onde estiverem localizados, os sujeitos titulares de dados permanecerão com expectativas legítimas de proteção e de concretização das medidas de proteção, acionáveis perante tribunais e autoridades nacionais de proteção de dados, como relevante o papel da Autoridade Nacional de Proteção de Dados no Brasil.

Por fim, a obra "Conflitos de Leis de Proteção de Dados", que tive a alegria de orientar academicamente, testemunha o comprometimento do autor e sua dedicação ao percurso de Mestrado no tradicional Programa de Pós-Graduação em Direito da Universidade Federal de Minas Gerais, o mais antigo em funcionamento no Brasil e que hoje exibe indicadores avaliativos e de produção de excelência na academia brasileira. Fico na esperança de que tantos outros trabalhos, como a obra de Pedro Soares, possam florescer nas avenidas pavimentadas pelo projeto de pesquisa 'Cultura, Direito Comparado e os Desafios do Direito Internacional na Ordem Global', da Linha 'História, Poder e Liberdade' do PPGD-UFMG, com novas reflexões transdisciplinares proporcionadas pelo estudo de processos tecnológicos e suas interfaces com estudos jurídicos transnacionais e comparados.

O livro aqui apresentado, portanto, representará valiosa referência para acadêmicos, profissionais do Direito, estudantes e todos os interessados em compreender nuances e desafios postos ao Direito em um mundo hiperconectado, em irreversível transformação e não menos empático aos riscos trazidos pela exploração corporativa e governamental de dados pessoais, excessiva reificação informacional e controle de corpos e mentes. Desejo a todas e todos uma leitura de descobertas, envolvente e enriquecedora. Que as perspectivas aqui reveladas inspirem novos debates e abordagens no campo do direito internacional privado e da proteção de dados.

Belo Horizonte/Istambul/São Paulo, outubro de 2023.

Prof. Dr. Fabrício Bertini Pasquot Polido

Professor Associado de Direito Internacional, Direito Comparado e Novas Tecnologias da Universidade Federal de Minas Gerais. Professor do Corpo Permanente e ex-Coordenador do Programa de Pós-Graduação da UFMG. Doutor em Direito Internacional ('summa cum laude') pela Universidade de São Paulo – USP. Fundador do Centro de Estudos Transnacionais e Comparados e do Grupo de Estudos Internacionais em Propriedade Intelectual, Internet e Inovação -GNet- da UFMG. Membro da delegação brasileira na Conferência da Haia de Direito Internacional Privado – HCCH – nos Projetos de Jurisdição e Ativos Digitais- Codifi. Advogado, Sócio de Inovação e Tecnologia e Solução de Disputas de L.O Baptista.

PREFÁCIO

Identificada como direito fundamental no artigo 5º, LXXIX, de nossa Constituição Federal, a proteção de dados pessoais é tema da mais alta relevância na atualidade, sendo reconhecida sua tutela jurídica em inúmeros ordenamentos jurídicos no mundo, dentre os quais se destacam o Regulamento Geral de Proteção de Dados da União Europeia, conhecido como GDPR, e a nossa Lei Geral de Proteção de Dados, a LGPD, eleitas neste livro como as fontes para comparação.

Com o exponencial desenvolvimento dos meios digitais, notadamente a Internet, e o incremento da rápida e vasta concentração de dados em bases cada vez maiores, os dados pessoais deixam de se limitar a sua representação e documentação em meios físicos, territorializados e referenciados, e passam a ser representados por bases e fluxos digitalizados, bits e bytes, que não possuem necessariamente uma conexão com territórios e, portanto, com ordenamentos jurídicos específicos. Neste sentido, como identificar a lei aplicável para a proteção de dados pessoais, quando tais dados estão em constante fluxo transfronteiriço e armazenados em nuvens desterritorializadas? As regras de conexão tradicionais do Direito Internacional Privado aparentemente não dão conta de solucionar eficientemente tal dilema. Seria necessário repensar-se novas maneiras de regulação internacional a permitir o fluxo livre de dados dentro de uma perspectiva de tutela e promoção da pessoa humana. Esse é o problema chave tratado neste livro pelo autor, Pedro Silveira Campos Soares. Fruto de sua dissertação de mestrado, de cuja banca de defesa tive a alegria de participar, a profundidade de sua pesquisa e o texto bem escrito levaram a banca a indicar seu trabalho para publicação.

Não há dúvidas de que este livro representa uma contribuição significativa para o debate jurídico sobre a proteção de dados pessoais. Por meio de uma metodologia comparatista, o autor realiza uma análise aprofundada do problema do conflito de leis de proteção de dados pessoais, sempre com uma perspectiva voltada para a necessária tutela do titular de dados. Pedro nos convida a explorar os mecanismos de regulação do fluxo transnacional de dados pessoais, um assunto de crescente relevância nos cenários nacional e internacional. A importância deste estudo reside na necessidade de harmonizar a proteção dos direitos fundamentais, como a privacidade e a proteção de dados, com a fluidez das interações digitais globais que, em grande medida, são possibilitadas pela consolidação de uma Internet cada vez mais "monopolizada" por grandes grupos, como Google e Meta, representando, nas palavras do autor, "um desafio normativo".

Na primeira parte do livro, intitulada "Ubiquidade e Hiperconexão", o autor mergulha profundamente na descrição da infraestrutura tecnológica que sustenta a nossa vida digital e que permite o fluxo livre de dados tal como se é possível na atualidade. Neste momento inicial do livro, Pedro explora a origem e o processamento dos dados, desde os transistores até os algoritmos, proporcionando uma base sólida para a compreensão dos desafios e oportunidades que a digitalização dos dados apresenta. Também aborda a complexidade da computação em nuvem (cloud) e nas extremidades (edge e fog), ressaltando como os dados são transmitidos e onde são armazenados, indicando já nesse momento um primeiro obstáculo a ser considerado, qual seja, o de definir qual a legislação que deve ser aplicada a estas relações transfronteiriças de tratamento de dados pessoais quando existe uma desconexão entre o território em que se encontra o titular de dados pessoais, o local onde a atividade de tratamento é realizada e o país onde o agente de tratamento de dados possui a sua sede. Não são poucas, nem irrelevantes, as questões trazidas no texto.

Já na segunda parte do livro, denominada "Lei Aplicável na Infosfera", o autor concentra sua análise sobre os critérios de aplicação normativa da Lei Geral de Proteção de Dados (LGPD) brasileira e do Regulamento Geral de Proteção de Dados (RGPD) europeu, os dois ordenamentos que foram escolhidos para seu estudo comparativo. Esta seção é crucial para entender como as leis nacionais e internacionais determinam a aplicabilidade das regulamentações de proteção de dados em um contexto global. Partindo de uma investigação tradicional do Direito Internacional Privado, Pedro analisa se as regras de conexão como o local de tratamento do dado, local de captura do dado, local de domicílio do titular e local da prestação do serviço ou fornecimento do bem, são suficientes para dar conta das necessidades de tutela da pessoa humana titular de dados pessoais. Tais critérios são minuciosamente explorados e sintetizados, permitindo ao leitor uma compreensão bastante extensa do problema que se visa endereçar. Pedro nos brinda, ao fim do capítulo, com uma síntese esquemática das regras de conexão aplicadas em cada um dos ordenamentos eleitos para a comparação. De forma bastante didática, o autor demonstra com base na análise de cenários possíveis – i.e. tratamento realizado em território brasileiro e europeu – quais são as normas de conexão existentes em cada uma das legislações analisadas – GDPR e LGPD – e identifica para além de pontos de contato entre elas, conflitos que, eventualmente, podem levar a uma negação de acesso a direitos por parte do titular de dados pessoais.

Por fim, em conclusão Pedro destaca a importância de orientar a aplicação normativa da LGPD em prol da proteção dos direitos fundamentais, especialmente o direito à privacidade e à proteção de dados. Elementos de conexão como o domicílio do titular e o local do ato e do dano são propostos como diretrizes para uma regulação eficaz na era digital. No entanto, complementa o autor que as ordens normativas não estatais oriundas de órgãos regulatórios seriam uma solução possível para dar conta dos conflitos que certamente surgirão em decorrência do tratamento transfronteiriço de dados pessoais e de transferência internacional de dados, cuja tutela é reconhecida na LGPD, mas ainda em aguardo de uma regulamentação pela ANPD.

Não há dúvida que neste livro encontra-se não apenas uma análise minuciosa das questões jurídicas e tecnológicas envolvendo o tratamento transfronteiriço de dados pessoais, mas também um convite à reflexão sobre como o Direito Internacional Privado e suas regras de conexão devem adaptar-se ao cenário digital em constante evolução. Esta obra servirá como uma fonte valiosa de conhecimento para acadêmicos e profissionais do direito interessados em compreender os desafios da proteção de dados pessoais na infosfera contemporânea, caracterizada pelo fluxo transnacional gigante de dados e pela crescente desterritorialização dos elementos de conexão.

CAITLIN MULHOLLAND

Professora associada de Direito da Faculdade de Direito da PUC Rio. Conselheira do Conselho Nacional de Proteção de Dados Pessoais e da Privacidade (suplente)

LISTA DE TABELAS

LISTA DE ILUSTRAÇÕES

LISTA DE ABREVIATURAS E SIGLAS

ANPD – Autoridade Nacional de Proteção de Dados, conforme instituída pelo artigo 55-A da LGPD.

CEPD – Comitê Europeu para a Proteção de Dados, conforme instituído pelo artigo 68 do RGPD.

CLT – Decreto-Lei nº 5.452, de 1º de maio de 1943, que aprova a Consolidação das Leis do Trabalho.

CNIL – *Commission Nationale de l'Informatique et des Libertés*

CNPDP – Conselho Nacional de Proteção de Dados Pessoais e Privacidade, conforme instituído pelo artigo 58-A da LGPD.

Convenção 108 – Convenção 108 do Conselho da União Europeia, promulgada em Estrasburgo, em vigor desde 28 de janeiro de 1981, conforme emendada em 15 de junho de 1999.

Convenção da Haia – Convenção da Conferência da Haia sobre os Acordos de Eleição do Foro publicada em 2005.

Convenção do México – Convenção Interamericana sobre Direito Aplicável aos Contratos Internacionais aprovada no México, em 17 de março de 1994.

CPU – *Central Processing Unit* (unidade de processamento central)

Diretiva 95/46 – Diretiva 95/46/CE do Parlamento Europeu e do Conselho, de 24 de outubro de 1995, relativa à proteção das pessoas singulares no que diz respeito ao tratamento de dados pessoais e à livre circulação desses dados.

Estados-Membro – Refere-se aos Estados-Membro da União Europeia e da Comunidade Econômica Europeia.

GPP – Grupo de Proteção às Pessoas no que diz respeito ao tratamento de dados pessoais, constituído com fundamento no artigo 29 da Diretiva 95/46.

HDD	–	Hard disk driver (driver de disco rígido)
Lei de Arbitragem	–	Lei nº 9.307, de 23 de setembro de 1996, alterada pela Lei n. 13.129, de 26 de maio de 2015.
LGPD	–	Lei n. 13.709 de 14 de agosto de 2018, alterada pela Lei n. 13.853 de 8 de julho de 2019.
Portaria 16	–	Portaria nº 16, de 8 de julho de 2021, expedida pelo Conselho Diretor da ANPD, que aprova o processo de regulamentação no âmbito da referida autoridade.
RGPD	–	Regulamento 2016/679 do Parlamento Europeu e do Conselho, relativo à proteção das pessoas singulares no que diz respeito ao tratamento de dados pessoais e à livre circulação desses dados e que revoga a Diretiva 95/46/CE, adotado em 27 de abril de 2016 (Regulamento Geral sobre a Proteção de Dados).
Roma I	–	Regulamento nº 593/2008 do Parlamento Europeu e do Conselho sobre a Lei Aplicável às Obrigações Contratuais (Roma I), adotado em 17 de junho de 2008.
Roma II	–	Regulamento nº 864/2007 do Parlamento Europeu e do Conselho sobre a Lei Aplicável às Obrigações Extracontratuais (Roma II), adotado em 11 de junho de 2007.
SSD	–	*Solid state driver* (*driver* de disco sólido).
TCE	–	Tratado de Roma que Institui a Comunidade Econômica Europeia assinado em 25 de março de 1957, conforme versão consolidada a partir do Tratado de Nice assinado em 26 de fevereiro de 2001.
TFUE	–	Tratado sobre o Funcionamento da União Europeia assinado em 25 de março de 1957, conforme versão consolidada a partir do Tratado de Nice assinado em 26 de fevereiro de 2001.
TIC	–	Tecnologia de Informação e Comunicação.

SUMÁRIO

INTRODUÇÃO

Esta obra reproduz pesquisa realizada no âmbito do Programa de Pós-Graduação em Direito da Universidade Federal de Minas Gerais, que culminou em uma dissertação de mestrado, defendida em 4 de maio de 2023, sob orientação do Professor Doutor Fabrício Pasquot Bertini Polido.

A pesquisa se insere no debate científico a respeito dos mecanismos de regulação do fluxo transnacional de dados pessoais.

Como recorte temático, discute-se os critérios de aplicação normativa da LGPD em comparação com o RGPD.

É, assim, um trabalho de Direito Comparado que se vincula ao campo do Direito Internacional Privado, especificamente de determinação de lei aplicável e, por igual, ao campo que trata da interface entre Direito e tecnologia, particularmente a proteção de dados pessoais.

A escolha desses marcos normativos é intencional e reflete a convergência dessas legislações e, em especial, a adoção substancial, pela LGPD, do modelo europeu de proteção de dados, como se demonstrará adiante (SARLET, 2022a, p. XII)[1].

Como proposição inicial, compartilha-se a percepção de que dados pessoais possuem características próprias que os diferenciam dos tradicionais bens e direitos que serviram de base para o desenvolvimento das regras de conflito de leis (AARONSON, 2021, p. 343)[2].

[1] Ingo Wolfgang Sarlet considera que, pela LGPD, houve uma "substancial recepção" dos preceitos do RGPD.

[2] Susan Ariel Aaronson sustenta que "dados são diferentes e podem necessitar de um conjunto normativo diferenciado".

Essas características intrínsecas, por vezes chamadas de peculiaridades neste trabalho, atuam em duas chaves distintas: ontológica e fenomenológica.

Do ponto de vista da natureza do dado em si mesmo – em uma visão ontológica, portanto – dados são ubíquos, o que lhes permite serem requisitados e acessados simultaneamente a partir de diferentes localidades.

Do ponto de vista do ambiente no qual os dados circundam – e, assim, da forma como eles se manifestam enquanto fenômeno – dados se inserem em um ambiente hiperconectado, em que a noção de tempo cede lugar para a intemporalidade da *infosfera*, cujo exemplo mais contundente é a Internet[3].

Ambas as perspectivas serão aprofundadas nas reflexões que se iniciam. Por ora, elencam-se os dois pressupostos teórico-normativos que servem de alicerce para essa empreitada.

O primeiro envolve a alteração do significado e da importância do território enquanto elemento chave dos critérios de aplicação normativa (aí incluindo as regras de conflito de leis). Houve, de fato, o alargamento de seu conceito, frente a um momento histórico-político-econômico-social cada vez mais móvel e fluido.

De fato, há um intenso debate sobre os reflexos da soberania estatal na *infosfera*, com marcante influência sobre as diferentes acepções de território (Carvalho, 2021, p. 157)[4]. Igualmente se discute os diferentes modelos de regulação estatal, não-estatal e internacional atinentes à tecnologia (Hoffmann-Riem, 2022, p. 166–168)[5]. E, por fim, coloca-se em debate o fenômeno cada vez mais evidente das capturas regulatórias no ambiente da *infosfera* (Frazão, 2019, p. 105)[6].

[3] Não se ignora a existência de redes particulares complexas, erigidas a partir de servidores físicos em que dados transitam sem necessidade da Internet. Todavia, o volume colossal de dados que transitam pela Internet através das fronteiras justifica considerá-la como o *locus* ideal ou, ao mínimo, principal deste fluxo. Com efeito, em recente estudo promovido pela organização não governamental *Global Data Alliance*, registrou-se que 2,5 quintilhões de bytes de dados são gerados diariamente e circulados através de 25 bilhões de aparelhos conectados à Internet (GLOBAL DATA ALLIANCE, 2021).

[4] O que se discute, nesse aspecto, é, essencialmente, "a legitimidade da aplicação das leis nacionais no ambiente da Internet".

[5] Wolfgang Hoffman-Riem apresenta relevante distinção entre os fenômenos de regulação, corregulação, autorregulação, autorregulamentação e autorregulação regulada voltadas ao ambiente digital.

[6] Ana Frazão esclarece como os esforços de autorregulação devem conviver e, em certos casos, se submeter à regulação estatal.

Conquanto seja apropriado discutir de que forma o território deve influenciar esses debates, entende-se que ele, enquanto elemento fundamental do próprio conceito de Estado[7], não se enfraqueceu, mas foi objeto de uma releitura à luz das circunstâncias de cada momento histórico.

Essa releitura se fez necessária para que o território pudesse abranger outros espaços, nos quais o Estado passou a pretender exercer sua soberania, por intermédio do que veio a se chamar de extraterritorialidade; soberania que se revela enquanto conjunto de poderes outorgado ao Estado por seu povo[8].

Como se nota, longe de evanescer, o conceito de território se alargou, ainda que de maneira ficta, e é nessa perspectiva que reside a leitura crítica que se fará na sequência. Não se trata de um fenômeno novo. Nos idos da década de setenta do último século, em um momento de expansão econômica dos Estados Unidos da América, houve intensa discussão sobre esse alargamento do território em casos envolvendo práticas anticompetitivas. Os casos *Bechtel* e *Timberlane* são exemplos vívidos dos debates sobre a asserção extraterritorial da soberania norte-americana[9].

O que há de novo é o momento histórico, em que a tecnologia digital alcançou tamanha evolução a permitir questionar a própria dicotomia entre os ambientes *online* e *offline*[10], e, mais que isso, a própria noção de

[7] "O território é elemento constitutivo do estado, representado pela porção da superfície do globo terrestre sobre a qual este exerce, habitualmente, sua dominação exclusiva, ou conjunto de direitos, inerentes à soberania, como exprime a dimensão espacial, na qual se encontra instalada e vive a humanidade" (Accioly; Nascimento e Silva; Casella, 2012, p. 805).

[8] Assim falou Ildefonso Dutra Alvim, citado por Hildebrando Accioly e G.E do Nascimento e Silva, em nota de rodapé de nº 488 "o exercício da soberania fica dividido em superfície e profundidade, de acordo com as normas institucionais do estado. Em superfície, espalhado pelos diversos órgãos estatais, e, em profundidade, na escala descendente da hierarquia do poder exercido. Pois a soberania como já se disse com apoio em J. Mendes, reúne o conjunto dos poderes conferidos ao estado, pelo povo. (...) Não é o poder soberano que se divide em dois ramos, o nacional e o internacional. A soberania continua una. Seu exercício é que se distribui entre os diversos órgãos a que é delegado" (Accioly; Nascimento e Silva; Casella, 2012, p. 345).

[9] Sobre tais casos e uma análise contemporânea aos fatos, vale a leitura de *Antitrust Jurisdiction under Customary International Law* (Meessen, 1984) e *Extraterritoriality in U.S. Antitrust: An International "Hot Potato"* (JONES, 1977).

[10] Confira, a esse respeito, o "Manifesto Onlife" (Floridi, 2015).

Direito, pois, a um só tempo, a tecnologia conforma e é conformada por ele (MENDES, 2022a, p. XIX)[11].

Se territórios já não estavam mais restritos aos confins das fronteiras estatais, o que dizer agora em que as fronteiras já não são mais físicas? Será o fim do território enquanto "porção da superfície do globo terrestre" (ACCIOLY; NASCIMENTO E SILVA; CASELLA, 2012, p. 805)? Ou será necessário revisitar novamente a questão, assim como se fez na década de setenta do século findo, para verificar como as regras de aplicação normativa estão estruturadas e de que forma elas poderiam ser aperfeiçoadas para esse novo momento histórico?

Nessa perspectiva, o formalismo atrelado ao conceito de território abre espaço para uma visão do direito mais cosmopolita, plural, que busca respeitar o novo e suas peculiaridades, em lugar de pretender eliminá-las, ou conformá-las ao que já existe; que visa oferecer ferramentas de interoperabilidade e diálogo entre os diferentes sistemas com o objetivo regular esse novo ambiente em que as fronteiras entre o real e o virtual, o analógico e o digital estão cada vez mais turvas.

O segundo pressuposto teórico-normativo que ampara a pesquisa é a centralidade dos direitos fundamentais para qualquer análise que se volte a determinar a lei aplicável. Alçada a direito fundamental no Brasil, em virtude da Emenda Constitucional nº 115 de 10 de fevereiro de 2022, a proteção de dados pessoais está refletida em um conjunto de regras que, em primeira e última análises, se volta ao indivíduo, ao titular dos dados pessoais, e deve ter nele sua centralidade, seu pressuposto fundamental de validade.

Nesse sentido, não pode o Direito Internacional Privado ignorar a fundamentalidade do direito à proteção de dados pessoais e da razão primeira pela qual foi promulgado o conjunto de normas que regem a circulação de dados pessoais: proteger a pessoa e seus dados, enquanto elementos informadores e formadores de sua personalidade. Divulgar e esquecer, aprender e desaprender são ferramentas autopoiéticas, que tem por elemento primordial os dados pessoais processados pela pessoa natural. São elementos constitutivos da personalidade (FLORIDI, 2013, p. 219)[12].

[11] Para Laura Schertel Mendes, a inovação tecnológica "pode ocorrer em todo e qualquer campo, inclusive *no* Direito e *pelo* Direito".

[12] Autopoiese é conceito filosófico trazido ao contexto da tecnologia por Luciano Floridi.

A centralidade do humano na interpretação das regras de proteção de dados igualmente demanda dos instrumentos que pretendem regulá-la uma abertura cognitiva ao novo. E, nesse aspecto, o novo é o direito não posto (ou imposto) pelo Estado, mas pelo próprio sujeito em sua comunidade de interesses, por intermédio de mecanismos de autorregulação.

No momento histórico que vivenciamos, aplicação normativa não diz respeito apenas a escolher uma lei estatal em detrimento de outra, mas a desenvolver mecanismos de recepção e aceitação da lei, estatal ou não-estatal, mais adequada para o contexto do fato jurídico cuja norma deverá incidir[13].

Este trabalho procura concatenar as características intrínsecas do dado pessoal aos dois pressupostos teórico-normativos acima identificados, e o faz em duas partes, a primeira dedicada à descrição dessas duas peculiaridades, e a segunda dedicada à problematização da questão posta em análise.

Na perspectiva descritiva, objeto da Primeira Parte desse trabalho, já se apresentou, brevemente, o que virá pela frente: uma análise da ubiquidade dos dados pessoais e da hiperconectividade da *infosfera*.

O Capítulo 1 propõe um esforço de aproximação entre a teoria computacional e o direito para dar conta da camada ontológica do dado pessoal. Nela, busca-se examinar o que são, efetivamente, os dados, demonstrando de que forma são eles ubíquos, ou dotados de simultaneidade.

O Capítulo 2 complementa o primeiro ao tratar da camada fenomenológica do dado pessoal: a *infosfera* e os problemas práticos vivenciados nos casos paradigmas. Como resultado, o referido capítulo busca traduzir em linguagem jurídica o conceito de hiperconexão de que se falou acima e do qual deriva a noção de intemporalidade.

Já na Segunda Parte, a obra coloca em evidência as regras de determinação de lei aplicável da LGPD e do RGPD frente aos dois pressupostos teórico-normativos em que se ancoram as reflexões aqui empreendidas. Ela se divide em dois capítulos.

O Capítulo 3 tem uma função descritiva: como LGPD e RGPD incidem sobre determinado fato jurídico?

Além de sistematizar as hipóteses de incidência normativa, o Capítulo reflete sobre a verdadeira função do território na regulação normativa de entes desterritorializados, deslocalizados e ubíquos como são os dados.

13 Fatos jurídicos "são o resultado da incidência da norma jurídica sobre o seu suporte fático quando concretizado no mundo dos fatos" (MELLO, 2012, p. 50).

O capítulo apresenta uma análise comparativa entre a LGPD e o RGPD, colocando em contexto os casos paradigmáticos citados no capítulo antecedente. A leitura é feita a partir de lentes cosmopolitas, em busca de encontrar um caminho de proteção e promoção do direito à proteção de dados pessoais, enquanto norma fundamental constitucionalmente positivada no Brasil e na União Europeia.

O Capítulo 4 tem uma função prospectiva: como essas regras poderiam ser relidas em busca de uma aplicação centrada nos direitos fundamentais e embasada em uma visão plural-cosmopolita do Direito?

A conclusão que se chega é que, no caso de incidência concomitante da LGPD e do RGPD sobre o mesmo fato jurídico, os critérios de aplicação normativa de cada uma dessas leis devem ser interpretados tendo em conta que a proteção de dados pessoais constitui direito fundamental constitucionalmente positivado com especial influência sobre a personalidade da pessoa humana. Essa interpretação deve também considerar outros modelos normativos não-estatais que possam servir de amparo para a solução do problema derivado do fato jurídico em questão.

Portanto, são dois os passos práticos a se tomar.

Em primeiro lugar, no viés dos direitos fundamentais, deve-se perquirir como os critérios de aplicação normativa devem se abrir aos direitos fundamentais, em particular à proteção do titular quanto ao uso indiscriminado de seus dados pessoais.

Em segundo lugar, no viés dos mecanismos de regulação dos dados pessoais, sugere-se adotar uma visão cosmopolita do Direito Internacional Privado, em que o local em que dado pessoal esteja armazenado ou seja requisitado passe a ter menor relevância do que o local onde o titular do dado pessoal estiver quando seus direitos de proteção de dados forem violados. Esse último local deve ter interesse normativo prioritário em regular o fato jurídico em questão, como forma de se compatibilizar com os ditames de proteção internacional dos direitos humanos insculpidos no quadro normativo brasileiro e europeu.

Situa-se, ainda que brevemente, os marcos teóricos que servem de base para a reflexão que ora se inicia.

No que toca às características intrínsecas do dado pessoal, a presente obra busca inspiração em Luciano Floridi e Manuel Castells. Os referidos autores, nos quadros teóricos do Manifesto *Onlife* e da Sociedade em Rede, respectivamente, permitem extrair as duas características que se apresentaram acima: ubiquidade (ou simultaneidade) e hiperconexão (ou intemporalidade). Em síntese, dados são ubíquos, pois podem estar, ao mesmo tempo (simultaneamente, nas palavras de Castells), em vários locais distintos, de sorte que atribuir efeitos jurídicos à circulação de dados meramente em razão do local em que estejam é "simplesmente impraticável" (Berman, 2012, p. 5).

A hiperconexão, por sua vez, está em que os dados se movem em velocidade superior à sensibilidade humana – em nanosegundos (Aaronson, 2021, p. 344) –, tornando-se irrelevante perquirir "se estamos online ou offline" (Floridi, 2015, p. 1). Dados são, assim, intemporais, pois possuem "velocidades qualitativamente novas" (Lévy, 2011, p. 25).

Essa possibilidade de hiperconexão, diga-se, decorre fundamentalmente da estrutura na qual a Internet está assentada, a partir de servidores de localização incerta para a absoluta maioria dos que a habitam[14], e que permitem acesso imediato aos dados. É por conta dessa característica que as novas tecnologias de informação e comunicação – as TICs – "*oferecem um sentido de instantaneidade que derruba as barreiras temporais*" (Castells, 2020, p. 541).

A segunda vertente colocará destaque na correlação entre os diferentes modelos regulatórios, mediante sua sistematização, com destaque para os modelos autorregulados de fluxo transnacional de dados.

Neste ponto, a presente obra se baseia na abordagem crítica do Direito Internacional Privado, ao propugnar que diferentes regimes normativos não originários do direito doméstico devem ser considerados ao se resolver casos concretos envolvendo fluxo transnacional de dados (Michaels, 2014, p. 54). Por vezes chamados "direito não-estatal" (Hertogh,

[14] O termo habitante é intencional e decorre da orientação à qual se filia esse trabalho de que todos vivemos em uma realidade que tem a internet como parte fundamental, sendo impossível dissociá-la dessa realidade. Nesse sentido, nas palavras de Luciano Floridi, não estamos *online*, mas sim *onlife*, e, nessa condição, conformamos o ambiente em que vivemos, como organismos informacionais, ou *inforgs*. Confira Mariarosario Taddeo, ao explicar o significado de *inforg* na teoria de Luciano Floridi: "[inforgs] não devem ser confundidos com estereótico *sci-fi* de um ser humano – ciborgue – nem devem ser confundidos com uma sombra individual de dados, ou um alter ego digital, tipicamente um perfil ou um avatar. Ao contrário, inforgs são o produto do processo reontológico quando envolve seres humanos que vivem na era da revolução informacional e conduzem suas existências em uma realizada sincronizata, delocalizada e correlacionada" (Taddeo, 2016, p. 363).

2008, p. 11)[15], por vezes intitulados "autorregulação" (CUNIBERTI, 2014, p. 145), esses regimes normativos demonstram a crescente fragmentação do Direito e, sobretudo, do Direito Internacional (FISCHER-LESCANO; TEUBNER, 2004, p. 1.004).

Como se verá adiante, da autorregulação emergem códigos de conduta e comportamento, selos, certificados e signos de conformidade com padrões de boa governança em proteção de dados, cláusulas contratuais-padrão e normas corporativas de aplicação transnacional. Trata-se de conjuntos normativos que, ao lado do direito estatal e do direito internacional, efetivamente regulam o fluxo transnacional de dados (MICHAELS, 2005, p. 1.215-1.216).

Ao se caminhar para a conclusão desse capítulo introdutório, é necessário frisar que a discussão aqui promovida emerge de casos reais. Como um trabalho comparativo entre LGPD e RGPD, foram considerados casos decididos administrativa ou judicialmente na União Europeia e no Brasil. Diversos deles serão invocados e discutidos nas páginas a seguir, e denotam a ressignificação do conceito de território frente à *infosfera*. Dados estão sempre, afinal, dentro e fora de determinado território.

De igual forma, como se espera demonstrar ao longo do trabalho, limitar a regulação normativa desse fluxo transnacional de dados ao direito estatal é inconsistente e desconsidera que o direito não é monopólio do estado (no contexto interno ou internacional), mas agentes não estatais também constituem fontes normativas sólidas e que devem ser levadas em conta ao resolver determinada situação jurídica (TEUBNER, 2002, p. 206)[16]. Em especial no contexto da *infosfera*[17], a autorregulação pode ser

[15] Marc Hertogh define o direito não-estatal como "o corpo normativo produzido e adjudicado por atores não-estatais" (HERTOGH, 2008, p. 11).

[16] Gunther Teubner reconhece que a *lex mercatoria* representa uma das práticas de "produção normativa privada global", sendo por ele entendida como a lei transnacional das transações econômicas.

[17] Infosfera como um trocadilho com atmosfera é o termo cunhado por Luciano Floridi, com inspiração nos escritos de Horácio, para se referir ao ambiente no qual experienciamos nossa vida *onlife*. Para o filósofo italiano a infosfera provém de um esforço de ressignificação do ambiente em que vivemos, em que o digital e o real se misturam. Em suas palavras "a crescente reontologização de artefatos e de (todo) o ambiente social sugere que está ficando difícil de compreender o que foi a vida em tempos pré-digitais e, no futuro próximo, a própria distinção entre online e offline ficará nebulosa e, então, desaparecerá" (FLORIDI, 2013, p. 8).

um caminho adequado para se resolver conflitos, por se tratar de ambiente criado e gerido por códigos de programação "infinitamente maleáveis" (Berman, 2000, p. 1.264).

Espera-se, com isso, propor aportes críticos e comparativos para o entendimento do fenômeno dos dados e da corrida regulatória em torno deles, a partir de suas características únicas: ubiquidade e hiperconexão.

PRIMEIRA PARTE: UBIQUIDADE E HIPERCONEXÃO

1
DADOS: UMA APROXIMAÇÃO ENTRE COMPUTAÇÃO E DIREITO

O primeiro capítulo desta obra procurará lançar as bases sobre a discussão central que será aqui promovida: a aplicação normativa da LGPD.

Falar em aplicação normativa é falar em lei aplicável. E discutir lei aplicável implica discutir extraterritorialidade e, por conseguinte, território. Portanto, têm-se duas etapas necessárias para a reflexão aqui empreendida. Primeiro: entender como se dá a extraterritorialidade no contexto da LGPD, a partir das hipóteses que regulam sua aplicação normativa. Segundo: entender como a LGPD se estruturou para recepcionar os diferentes modelos regulatórios em vigor, sejam eles domésticos, internacionais ou não-estatais.

Como pano de fundo dessa discussão estão os dados e a *infosfera*. Sem bem compreendê-los tecnicamente não será possível alcançar a reflexão científica que se pretende. É o que se busca neste momento.

Um alerta necessário: as próximas linhas são dedicadas a aspectos inerentes à ciência da computação, naquilo que se mostra relevante para os conceitos de ubiquidade e hiperconexão, centrais para o exame aqui empreendido. Trata-se de uma análise interdisciplinar, desde a perspectiva das ciências humanas aplicadas.

A problematização das questões adiante lançadas no Direito e, especialmente, no Direito Internacional Privado, estão na Segunda Parte deste trabalho. Portanto, às leitoras e aos leitores já familiarizados com a técnica computacional, recomenda-se a Segunda Parte desta obra.

1.1. Dos bits ao *Big Data*: de onde vêm os dados e como são processados?

Na ciência da computação, dados são representações eletrônicas de operações matemáticas. Em sua formulação mais básica, os dados se originam de operações booleanas identificadas pelo número zero, ou pelo número um. São estruturas de lógica matemática formal desenvolvidas pelo matemático inglês George Boole, que manipulam exclusivamente o conceito de verdadeiro e falso (GERSTING, 2017, p. 330), ou, na teoria original de Boole, os conceitos de "universo" ou "nada".

A lógica formal booleana surge como uma evolução de esforços empreendidos para representar operações algébricas. Esses esforços utilizavam-se de símbolos (números) que passavam por operações lógicas, sem que, necessariamente, fossem interpretados em seu conteúdo. Daí porque diz-se que a lógica formal de Boole veio ancorada nas bases de Leibniz da lógica simbólica, que, por sua vez, decorreu da lógica filosófica desenhada por Aristóteles no "Organon" (FILHO, 2007, p. 55).

Esses dados, enquanto elementos de matrizes booleanas, são representados por dígitos binários, em inglês *binary digits*, ou, na forma abreviada, *bits*. Nesse sentido, o verdadeiro ou universal equivaleria ao número (ou símbolo) 1 (um), enquanto o falso ou o nada equivaleria ao número (ou símbolo) 0 (zero).

Como se verá adiante, a partir da associação dos *bits* torna-se possível representar dados de nossa realidade[18]: números, letras, cores, sons, imagens, dentre outros. Para Carlos Barbieri, os *bits* "*transformavam-se em um elemento capaz de representar uma letra ou um número, ou seja, um dado. Nasciam assim os dados na forma digital...*" (2019, p. 3). Assim pode ser representada a conversão de dígitos binários em alfanuméricos:

Figura 1 – Conversão de dígitos binários em alfanuméricos

0000 = 0	0100 = 4	1000 = 8	1100 = C
0001 = 1	0101 = 5	1001 = 9	1101 = D
0010 = 2	0110 = 6	1010 = A	1110 = E
0011 = 3	0111 = 7	1011 = B	1111 = F

Fonte – STALLINGS, 2017, p. 276.

[18] Confira o próximo capítulo para a relação entre a realidade e a hiperconexão.

Nesse pano de fundo, interessa questionar: de onde vêm esses dados? Como se manipulam os elementos que servem de base para essas operações booleanas computacionais? Ou melhor, nas palavras de Álvaro Vieira Pinto, como essa "abstração lógica" se verifica na realidade, seja ela analógica ou digital? (2005, p. 337). Necessário, portanto, dar um passo atrás para entender como os dados se estruturam a partir da engenharia eletrônica. Um pouco de história da tecnologia esclarecerá esses aspectos.

1.1.1. Transistores, semicondutores e circuitos integrados

Além de exímio inventor, Alexander Graham Bell foi um expoente da evolução científica que se iniciou no fechamento do Século XIX. Ele e sua empresa, a *Bell Technologies*, encabeçaram o estudo da transmissão do som, inspirados por circunstâncias familiares e pelas pesquisas iniciais de seu pai[19]. Bell Technologies não inventou só o telefone. Serviu de celeiro para o desenvolvimento de outras tecnologias e inventores. Patentes do detector de metais[20], do cilindro fonográfico e do audiômetro são também tituladas por empresas de seu grupo empresarial (Hoffman, 2005, p. 87–88).

Uma delas, no entanto, tem importância fundamental para o surgimento dos dados digitais. Com efeito, foram nos anos seguintes à conclusão da Segunda Guerra Mundial que físicos empregados pela *Bell Technologies* desenvolveram a ideia de um equipamento de engenharia eletrônica cuja função fosse controlar a passagem de correntes elétricas (Castells, 2020, p. 95). Bardeen, Brattain e Shockley inventaram os denominados transistores bipolares e, pela invenção, ganharam o Prêmio Nobel à época (Nobel, 2022).

Em breve síntese, os transistores bipolares modificam o estado da corrente elétrica, ora permitindo, ora bloqueando sua passagem em deter-

[19] Graham Bell e seu pai dedicaram sua vida ao estudo da elocução e tinham mãe e esposa surdas (Howe, 1947, p. 455). A criação do telefone veio acompanhada de uma intensa disputa judicial a respeito da patente da tecnologia, solicitado por Bell em 14 de fevereiro de 1876, mesmo dia em que Elisha Gray solicitou outra patente de tecnologia bastante similar. Outros também buscaram sustentar que Bell não teria sido o primeiro a desenvolver uma tecnologia de transmissão do som a partir de experimentos em telégrafos, mas, ao final, a sentença judicial manteve a patente de Bell em detrimento dos demais interessados (Flood, 1976, p. 1.387).

[20] Bell foi instado a desenvolver uma ferramenta que auxiliasse na localização de uma bala no abdômen do Presidente James Garfield após levar um tiro em um atentado (Powell, 2012).

minado circuito[21]. A depender de sua configuração, esses equipamentos também permitem a modulação de corrente elétrica, quando se quer, por exemplo, aumentar o volume do som, substituindo, assim, os antigos amplificadores de tubos de vácuo (Platt, 2012, p. 241).

O controle de fluxo de corrente elétrica a partir dos transistores é a base inicial para o registro das operações booleanas das quais emergem os dados. À passagem da corrente elétrica é atribuído um dos estados lógico-formais booleanos (verdadeiro ou falso), e ao bloqueio da passagem de corrente elétrica é atribuído o outro estado lógico-formal.

Para que o registro desses estados pudesse ser efetivamente realizado, era ainda necessário, primeiro, conduzir os circuitos elétricos e, segundo, transformar esses registros em elementos passíveis de serem lidos, armazenados, exibidos e sintetizados pela máquina. Sobretudo, faltava um sistema de integração desses diferentes transistores e circuitos, como forma de serem incorporados aos equipamentos dedicados a computar esses dados – os computadores.

O processo de *condução desses circuitos* passou a ser feito pelos semicondutores, mas a *integração dos circuitos* dependia de um elemento a mais. Nesse contexto, surge uma segunda empresa de importância fundamental para a circulação dos dados: a *Texas Instruments*. Coube a ela aprimorar a tecnologia de materiais, permitindo, pela primeira vez, que os transistores e semicondutores passassem a ser construídos a partir de uma nova substância, o silício, que passou a representar a matéria prima básica da computação do final do século XX[22].

Além da contribuição substancial com a descoberta do silício no tocante aos semicondutores, coube à *Texas Instruments* desenvolver o circuito integrado, partindo de outra invenção, o processo plano, dessa vez pela *Fairchild Semiconductors* (Castells, 2020, p. 96). Stan Amos e Mike James sintetizam essa etapa da evolução tecnológica. Os autores esclarecem que os circuitos integrados passaram a ser conhecidos como os *chips* de silício, nos quais:

[21] Diz Charles Platt que os transistores se assemelham aos relés, apesar desses últimos não permitirem a amplificação de corrente (Platt, 2012, p. 65).

[22] Novas pesquisas apontam para a substituição do silício pelo grafeno e pelo telureto de mercúrio. Embora não se enquadre no objeto da obra, vale ressaltar que o uso do telureto de mercúrio como substituto do silício decorre de estudos da professora brasileira Cristiane Morais Smith (EUROPEAN PHYSICS SOCIETY, 2020).

> ...transistores e outros componentes são manufaturados e interconectados pelo processo plano ... para formar amplificadores, sinalizadores e outras unidades funcionais em um único pedaço de silício. A miniaturização agora possível é tal que vários milhões de transistores podem ser acomodados em um circuito integrado menor que $1cm^2$ (2000, p. 1).

Em resumo: dados são *registrados* a partir de operações de lógica formal-booleana, que são *computadas* a partir de fluxos de correntes elétricas, que por sua vez são *direcionados* por milhões de transistores contidos em circuitos integrados.

Um passo adicional é necessário para que comece a transparecer as características únicas dos dados, objeto central do presente trabalho: como os dados são computados?

1.1.2. Computar para automatizar o raciocínio

Computar é resolver problemas a partir da utilização de raciocínio lógico sobre dados (FILHO, 2007, p. 74). Trata-se de atividade eminentemente humana, que tem como ferramenta básica as células do sistema nervoso, em especial os neurônios, que ora se ativam, ora se inativam, através de sinapses e conexões.

De fato, juntamente com as células gliais, as células neuronais constituem os dois principais tipos celulares do sistema nervoso humano. Como explica Simon Haykin, remetendo a Ramón y Cajal, os neurônios "*são os constituintes estruturais do cérebro*", responsáveis pela maioria das funções exclusivas do sistema nervoso (HAYKIN, 2008, p. 32). São eles que "*sentem as mudanças no ambiente, que comunicam essas mudanças a outros neurônios e que comandam as respostas corporais a essas sensações*" (BEAR, 2017, p. 24). Portanto, cabem aos neurônios receber os impulsos elétricos e transmiti-los adiante, mediante reações químicas, a partir das quais articula-se os dados recebidos, aplicando um conjunto de regras lógicas, a que se dá o nome de raciocínio.

Mas, como replicar o raciocínio na máquina, permitindo-a computar a partir de regras lógicas? Essa indagação é, precisamente, o aspecto fundamental da ciência da computação (FILHO, 2007, p. 45).

Embora o aprofundamento desta questão não seja o foco deste trabalho, impõe-se analisar dois aspectos bastante específicos desse questionamento primordial. Primeiro: traçar, ainda que em linhas gerais, o método pelo qual os dados são transmitidos e armazenados na máquina. Segundo: indicar como esses dados recepcionados pela máquina são por ela sintetizados, em uma verdadeira automatização do raciocínio lógico.

Sendo um trabalho de ciências humanas aplicadas, ele procurará responder essas questões no limite em que seja necessário para deixar claras as características únicas dos dados. Não se adentrará nas especificidades dessas questões, que, a despeito de relevantes, ultrapassam o escopo desta reflexão. Passa-se, então, a traçar os contornos gerais dessas indagações.

1.1.2.1. Portas lógicas

Já se viu que, no contexto do corpo humano, os neurônios exercem a função de recepcionar a informação e transmiti-la adiante. Isso se dá a partir de reações químicas que geram a energia utilizada para esse impulsionamento da informação (dos dados).

Os transistores executam parte dessa função: eles recebem a corrente elétrica e a levam adiante. Eles não produzem a energia, não a direcionam em determinado sentido, tampouco são capazes de convertê-la em dados. A capacidade de processamento, isto é, de direcionamento dessas correntes elétricas é proporcional ao número de transistores, e de sua capacidade de trabalho, presentes em determinado circuito.

A produção energética compete às fontes às quais os computadores estão conectados.

O direcionamento dessa corrente é executado pelos semicondutores e seus respectivos circuitos integrados. São eles que conectam os milhões de transistores constantes de um determinado circuito, criando uma verdadeira teia em que a corrente elétrica caminha e é, então, sintetizada.

A conversão em informação, também conhecida como sintetização, se dá por intermédio das chamadas portas lógicas. Através dessas portas, toda a energia que flui através dos circuitos integrados é convertida em dados. São minúsculas peças eletrônicas que promovem as diferentes operações derivadas da lógica formal de Boole, gerando resultados passíveis de controle e manipulação pela máquina. Essas portas permitem atribuir significado à passagem da corrente elétrica.

Três são as operações booleanas fundamentais executadas nessas portas e chamadas pela literatura de funções booleanas: alternância (OR), inversão (NOT) e continuidade (E). Tome-se como exemplo a porta lógica "OR" (Deschamps; Valderrama; Terés, 2017, p. 31). Nela, o resultado falso ou verdadeiro (zero ou um) é obtido a partir da soma do valor representado pela passagem (ou bloqueio) da corrente elétrica em determinado transistor. Se um transistor permite a passagem da corrente, com valor binário 1 (um) e outro transistor bloqueia essa corrente, com valor binário 0 (zero) chega-se ao resultado da porta lógica "OR", isto é 1 (um), correspondente à soma entre os resultados obtidos nos dois transistores em questão: zero e um[23].

Essas operações foram naturalmente aprimoradas e cumuladas ao longo do tempo, permitindo correlações cada vez mais complexas em velocidade substancialmente superior à neuronal[24]. Explica-se, assim, como a corrente elétrica se transforma em dados: a partir da configuração das portas lógicas distribuídas em circuitos integrados.

Questão adicional que se coloca para concluir essa análise topológica dos dados diz respeito ao raciocínio computacional. Afinal, como o computador pensa? Ou, como o computador trata os dados obtidos a partir das operações eletrônicas indicadas na precedência?

Alan Turing oferece uma boa resposta.

1.1.2.2. Máquina de *turing* e algoritmos

Explicou-se, acima, que, em sua camada mais externa[25], os dados digitais se originam de operações matemáticas inspiradas na lógica formal, mediante aplicação de funções booleanas em portas lógicas inseridas em circuitos integrados.

A passagem por essas portas lógicas, metaforicamente, conduz a uma nova camada, agora intermediária, dos dados digitais. Nessa segunda camada, os dados, já sintetizados em regras lógicas, devem ser agora lidos

[23] Essa é a estrutura utilizada para sistemas de alarmes programados para soarem quando determinado sensor for ativado. Nesse caso, a ativação do sensor é representada pela passagem de corrente elétrica (1), fazendo com que o alarme soe, diante do resultado positivo (1) derivado da equação de soma (Silveira, 2011). Para exemplos das operações derivadas das funções booleanas, tais como "NAND", "NOR", "XOR" e "XNOR", dentre outros, confira (Deschamps; Valderrama; Terés, 2017, p. 35–42).

[24] Simon Haykin demonstra que "os neurônios são cinco ou seis vezes mais lentos que as portas lógicas em silício". Todavia, prossegue o autor, para compensar a lentidão, o cérebro possui muito mais neurônios, que atuam com uma eficiência energética substancialmente maior do que a computacional (Haykin, 2008, p. 33–34).

[25] A análise em "camadas" é inspirada no Modelo das Três Membranas de Luciano Floridi, cujas reflexões são uma das linhas mestras dessa obra (2013, p. 217–221).

– *computados* – mediante algo que, na anatomia humana, seria chamado de raciocínio.

Para que sejam computados é necessário, em primeiro lugar, que os respectivos dados sejam transmitidos e recepcionados pelo computador. A fonte deles pode ser variada.

No ser humano, cabe aos nossos cinco sentidos essa tarefa (audição, visão, olfato, tato, paladar). Na máquina, equipamentos variados a executam: teclados e *touchpads* (para caracteres alfanuméricos), câmeras (para fotografia e vídeo), microfones (para áudio) e, até mesmo, geolocalizadores (para posicionamento geográfico). Esses equipamentos realizam a entrada (*input*) dos dados, que, a partir daí, são convertidos em sequências binárias passíveis de ser manipuladas para alcançar determinado resultado (*output*).

Essa manipulação é realizada pelos algoritmos, elementos que automatizam o raciocínio, replicando essa atividade eminentemente humana. Importa ressaltar: não há nada de incomum nesse processo de automatização, uma vez que o próprio raciocínio humano envolve computar operações matemáticas a partir de pulsos energéticos realizados a nível molecular, mediante a utilização de, pasme-se, algoritmos (Barfield; Barfield, 2021, p. 4)[26].

A diferença fundamental está em quem (ou o quê) realiza essa tarefa: o cérebro humano ou o sistema computacional. De fato, ao fim e ao cabo, algoritmos são utilizados há tempos, inicialmente "para designar apenas uma regra de ação clara que [seria] usada para resolver certos problemas em etapas individuais definidas" (Hoffmann-Riem, 2022, p. 11).

Cabe, assim, compreender tecnicamente os algoritmos, eis que responsáveis por converter a informação sintetizada nas portas lógicas em algo passível de atividade racional.

Matematicamente, o conceito de algoritmo é central para a teoria de Alan Mathison Turing em seu célebre texto "*On Computer Machines*", de 1936. Para ele, algoritmos são conjuntos de regras explícitas que permitem decidir uma questão em um número finito de passos (Turing, 1936, p. 231). A partir dessa perspectiva, pode-se concluir que o algoritmo é:

[26] Dizem os autores que "*na realidade, nós humanos podemos ser descritos como um organismo de trilhões de células, cada qual computando, em nível molecular, a partir de algoritmos*" (tradução livre de: "*in fact, we humans can be described as an organism consisting of trillions of cells each of which computes at the molecular level using algorithms*"). (Barfield; Barfield, 2021, p. 4)

> ...[um] procedimento computacional bem definido que toma algum valor ou conjunto de valores como entrada e produz algum valor ou conjunto de valores como saída. Portanto, um algoritmo é uma sequência de etapas computacionais que transformam a entrada na saída (Cormen et al., 2009, p. 18).

Para demonstrar a aplicação de algoritmos como forma de automatizar operações lógicas, Alan Turing explicou em seu pioneiro trabalho ser possível desenvolver máquinas passíveis de ser programadas a partir de regras definidas gerando um resultado matemático específico. A essa caracterização abstrata, deu-se o nome de "máquina de Turing". Na realidade, um projeto de engenharia eletrônica passível de ser replicado em larga escala.

Em computação, os algoritmos são, por conseguinte, conjuntos de instruções dadas à máquina para que os dados originados de suas portas lógicas possam ser computados gerando um resultado qualquer.

O algoritmo nasce, portanto, como um meio automatizado de aplicar a razão a determinado fenômeno. Não é, em si, uma invenção, passível de ser apropriada tecnicamente por meio de patente, por exemplo. Assim disse a Suprema Corte dos Estados Unidos da América ao julgar o célebre caso *Gottschalk v. Benson*, em 1972. Face a um pedido de patente de um algoritmo cujo objeto seria converter números decimais em números binários, o órgão judiciário máximo norte-americano, sob relatoria de William Harper Douglas, concluiu que os algoritmos consistirem em etapas mentais de cálculos matemáticos e não em processo inventivo passível de ser patenteado (EUA, 1972)[27].

Tem-se, assim, um panorama abrangente sobre a forma como o pulso energético se transforma em dados e, igualmente, como esses dados são computados.

Chega-se, finalmente, ao último ponto dessa desafiadora incursão pelos mistérios da eletrônica computacional, necessária para demonstrar a ubiquidade inerente aos dados. Como os dados são armazenados e proces-

[27] Não há dúvida de que a opinião da Suprema Corte tenha levado em consideração a evolução tecnológica da época e, sobretudo, a então limitada autonomia alcançada pelos algoritmos – eles seguiam as instruções lançadas por seus programadores, mas não alcançavam conclusões próprias, a partir do aprendizado autônomo da máquina. Todavia, mesmo naquela época, criticou-se os efeitos da decisão sobre o mercado da tecnologia. Falou-se, à época, que ela favoreceria os fabricantes de computadores, em detrimento dos desenvolvedores de softwares (Mandelbaum, 1973, p. 637).

sados? Respondida essa questão, torna-se possível prosseguir na próxima etapa da reflexão aqui discutida: onde estão nossos dados?

1.1.3. Armazenamento e processamento de dados

Sabe-se que os computadores podem trabalhar em rede, a partir de infindáveis conexões recíprocas em que os pulsos energéticos são convertidos em dados, que, empacotados, são transmitidos, e, desempacotados, reproduzidos em outro computador.

Para que isso seja possível, é necessário que cada computador tenha mecanismos para armazenar informações. Aliás, essa é a característica fundamental de interfaces que armazenam dados: ter um *meio* para tanto, e uma *linguagem* para sua implementação: um livro armazena dados em papel (meio) por escrito (linguagem); um disco de vinil armazena dados em disco (meio) por meio de suas ranhuras (linguagem).

O computador, por sua vez, armazena dados tanto pela memória, no tocante às instruções e dados necessários para a execução de determinada operação algorítmica, quanto pelos diferentes discos ou sistemas de armazenamento definitivos (STALLINGS, 2017, p. 69). Esses discos podem estar instalados (embarcados) na máquina – os tradicionais *hard disks* (HDD) e os *solid state disks* (SSD) –, ou serem acessados remotamente – como no caso da computação em nuvem. A linguagem passível de compreensão pode ser variada, mas todas elas são incluídas sob o largo gênero das linguagens de programação que se inspiram na lógica booleana.

Mas não é só. É igualmente necessário um elemento eletrônico que coloque em atividade o computador, controle sua execução, ative os algoritmos nos momentos apropriados e coordene as atividades de entrada e saída de dados. Para tanto, cada computador tem a sua unidade central de processamento, um circuito integrado eletrônico, conhecido pelo acrônimo CPU, com uma infinidade de transistores interconectados. Há diversos tipos de CPUs – síncronos, assíncronos, reconfiguráveis, óticos, iônicos, dentre outros –, sua função, em síntese, é colocar o computador em operação e fazê-lo executar as tarefas conforme determinado pelos dados recebidos e pelos algoritmos aplicados (LI, 2020, p. 3).

Na arquitetura computacional, o processador depende da memória, pois, como antes dito, na memória estão registradas as instruções básicas para as atividades computacionais. Por isso, há um ciclo básico de instrução que envolve comandar determinada ação ao processador, que buscará na memória a instrução para executá-la, para, em seguida, executá-la e, então, interromper atuação (início – busca – execução – conclusão) (Stallings, 2017, p. 70)[28].

1.1.4. Síntese topológica do computador

Ao concluir esse Capítulo introdutório, torna-se possível compreender o sistema de produção e transmissão de dados e responder à questão: de onde vêm e de que forma são processados esses dados?

Dados são, afinal, resultados de fluxos de energia; correntes elétricas que trafegam em circuitos integrados, por intermédio de semicondutores e portas lógicas instaladas com diversos transistores.

Dados originados das portas lógicas (*input* – dados de entrada) são processados a partir de algoritmos armazenados nos dispositivos, observadas as instruções que são dadas aos respectivos processadores. Os resultados são os chamados dados de saída (*output*).

De maneira mais direta, cabe ao computador executar um volume muito grande de operações matemáticas em operações booleanas, o que lhe permite processar uma quantidade considerável de informações, obedecendo a algoritmos complexos, em escala e velocidade que o ser humano não consegue.

Essa é a primeira camada da reflexão inicial aqui empreendida. Passa-se à segunda: como os dados de saída são transmitidos e onde eles efetivamente estão?

1.2. *Cloud, edge e fog computing*: como os dados são transmitidos e onde ficam armazenados?

Para responder a pergunta que dá o título a esta seção do trabalho, pode-se recorrer a uma opinião de senso comum generalizada nas redes: "Dados são o novo petróleo – e isso é bom" (Bageshpur, 2019).

Essa é a manchete de edição da Revista Forbes em continuidade a outra reportagem, dessa vez, da Revista The Economist, assim capitulada: "O recurso mais valioso no mundo não é mais o petróleo, mas os dados" (THE ECONOMIST, 2017).

[28] As quatro principais ações do processador são: transferir dados de e para um dispositivo de memória (principal, cache, em registrador ou externo); comandar funções em dispositivos periféricos, processar dados (operações lógicas e/ou aritméticas) e controle (realizar ajustes nas instruções registradas em um dispositivo de memória) (Stallings, 2017, p. 71).

Como se verá nesta seção, a analogia entre dados e petróleo não é tecnicamente adequada[29], mas revela uma característica relevante para o estudo aqui empreendido: dados podem emergir em qualquer lugar. Essa é uma das reflexões fundamentais que norteiam esse trabalho: onde, afinal, estão os dados?

Para que se possa oferecer uma resposta juridicamente técnica sobre a questão, é metodologicamente necessário desdobrá-la em dois aspectos. O primeiro diz respeito à forma de *transmissão* desses dados. O segundo se volta às diferentes maneiras de se *armazená-los*.

1.2.1. Protocolos de transmissão de dados e rede de alcance mundial

O desenvolvimento de um sistema de transmissão de dados entre computadores coube, principalmente, à Agência de Projetos de Pesquisa Avançados do Departamento de Defesa dos Estados Unidos da América (DARPA). No âmbito dessa agência foi desenvolvida uma rede primitiva de conexões diretas entre quatro universidades – Stanford, Utah e as Universidades da Califórnia em Los Angeles e em Santa Bárbara. Com início de operação em 1º de setembro de 1969, essa rede, a ARPANET, funcionou até 28 de fevereiro de 1990, quando foi descontinuada (Castells, 2020, p. 101).

Para compreender esse momento histórico, é necessário colocar a questão frente à evolução tecnológica da época. Com efeito, em 1969, não havia produção de computadores em larga escala, muito menos para uso doméstico ou empresarial. O uso de terminais computadorizados à época estava limitado a dois ambientes específicos: o militar e o acadêmico. Daí porque a criação da ARPANET se deu no âmbito do Departamento de Defesa, mas beneficiou, em primeiro lugar, a difusão de informação entre universidades, a tal ponto a incentivar a divisão dessa rede, com a criação da MILNET, voltada exclusivamente ao ambiente militar (Castells, 2020, p. 101).

Também como resultado desse exame temporal, torna-se possível compreender que a ARPANET conectava poucos computadores à época, motivo pelo qual os métodos de interconexão, chamados de protocolos, eram ainda bastante superficiais.

A despeito disso, a ARPANET funcionou não só como o primeiro rudimento daquilo que viria a se tornar a Internet, como também a primeira

[29] Wolfgang Hoffmann-Riem pontua "seis teses" segundo as quais a comparação entre dados e petróleo não se mostra acurada (2022, p. 22–24).

infraestrutura física de interconexão de redes. A ARPANET foi, assim, o primeiro *backbone*: a primeira, e mais básica, camada da Internet (Comer, 2021, p. 220).

O ingrediente necessário para a melhoria da interconexão se deu a partir da evolução dos protocolos de transmissão de dados, em especial do trabalho desenvolvido por Vinton Cerf e Robert Kahn, em 1974, que visava "facilitar o compartilhamento de recursos computacionais" (Cerf; Kahn, 1974, p. 637).

No pioneiro artigo "Um Protocolo para Interconexão de Redes via Pacotes", os autores buscaram criar uma metodologia comum acessível às diversas redes para permitir sua interconexão. Em inglês, buscava-se uma solução para *internetworking*, daí surgindo o termo internet. Como explicam os autores:

> Vários protocolos já foram desenvolvidos para esse propósito. No entanto, esses protocolos trataram apenas do problema da comunicação em uma mesma rede. Nesse artigo apresentamos a modelagem e a filosofia de um protocolo que permite o compartilhamento de recursos que existem em diferentes redes de trocas de pacotes (Cerf; Kahn, 1974, p. 638)[30].

Essa linguagem se dividia em dois conjuntos de regras distintos, chamados de protocolos: o Protocolo de Controle de Transmissão e o Protocolo da Internet, conhecidos em conjunto pelo acrônimo TCP/IP.

Os referidos protocolos continham as instruções necessárias para que dados originados de um determinado computador pudessem ser transmitidos para outro computador.

Para isso, os dados eram empacotados e etiquetados com o respectivo número de protocolo. Esse número contém as informações necessárias para que o dado trafegue pela infraestrutura de comunicação, via rádio, telefone e fibra ótica, considerando que, em última análise, ele é energia e, por isso, pode trafegar em corrente elétrica[31]. Também nesse número de protocolo estão as regras para que, no computador de destino, seja possível desempacotar e sequenciar os dados recebidos.

[30] Tradução livre de "several protocols have already been developed for this purpose. However, these protocols have addressed only the problem of communication on the same network. In this paper we present a protocol design and philosophy that supports the sharing of resources that exist in different packet switching networks".

[31] Confira a Seção 1.1, acima.

A evolução tecnológica demonstrou que esse tipo de protocolo não era adequado para todos os tipos de dados. David Clark assim esclarece, exemplificando com algo bastante relevante na sociedade atual: a entrega instantânea de áudios digitalizados (Clark, 1988, p. 109).

Com efeito, o processo digital que o protocolo TCP/IP impõe (empacotar, transmitir, desempacotar e ressequenciar) não permitia, com o nível de estabilidade e segurança necessários, a reprodução instantânea de dados de áudio, tampouco de vídeo.

Por isso, o autor explica que, logo quando o protocolo TCP/IP foi implementado, a arquitetura de transmissão de dados passou a ser desenvolvida de forma a contemplar mais de um tipo de protocolo, de modo a tolerar outros meios de transportes (outros protocolos) aplicados simultaneamente (Clark, 1988, p. 110).

Portanto, o desenvolvimento dos diferentes protocolos de transmissão de dados entre diferentes redes de computadores permitiu a difusão acelerada de dados e, como será explicado mais adiante, o armazenamento de múltiplas instâncias de um dado em diferentes locais.

Outro aspecto merece ser esclarecido para bem compreender a questão da transmissão de dados: a plataforma.

Plataforma, no contexto histórico e original da Internet, tem a ver com a *acessibilidade* ao dado transmitido, e não propriamente com estruturação da Internet, em si, em várias plataformas (Land, 2020, p. 976)[32]. Relembre-se: os protocolos de transmissão permitiram o fluxo de dados em diferentes terminais computadorizados. Tal não implica que esses dados fossem acessíveis seja aos usuários dos terminais de recepção ou de destino desses dados, seja, ainda, a terceiros que obtivessem acesso, via redes de computadores, a esses mesmos dados.

O problema da acessibilidade foi central nos estudos de Tim Berners-Lee, no âmbito da Organização Europeia para a Investigação Nuclear – CERN. Reconhecido como o inventor da Rede de Alcance Mundial ("*www*"),[33] Tim Berners-Lee buscava resolver o problema da "perda de informação sobre a evolução de sistemas complexos, derivando uma

[32] A autora demonstra que a Internet se construiu ao longo das primeiras décadas do Século XXI sob a forma de múltiplas plataformas, as quais seguem regimes jurídicos próprios com "quatro elementos centrais: direito contratual, direito material, direito processual e regras técnicas" (Land, 2020, p. 980).

[33] *World Wide Web*, "www", ou como originalmente cunhado em sua proposta de 1989, "W3".

solução baseada em um sistema distribuído de hipertexto" (BERNERS-LEE, 1989, p. 1).

Essencialmente localizada, a demanda sob a reflexão de Berners-Lee tratava de resolver um problema tópico: "como nos manter atualizados sobre os grandes projetos [da CERN]?" (BERNERS-LEE, 1989, p. 2). A solução – desenvolver sistemas de informação interligados – recebeu o nome de Proposta de Projeto Hipertexto.

Para alcançar esse propósito, Berners-Lee refletiu sobre uma nova forma de sistematizar a informação. No lugar de sistemas fixos e hierárquicos, o autor considerou mais apropriado um sistema constituído por uma rede de referências interconectadas não estáticas (BERNERS-LEE, 1989, p. 9). Para tanto, recuperou um antigo programa que ele havia escrito, e que continha os rudimentos da linguagem de programação que veio a ser desenvolvida por ele: a Linguagem de Marcação de Hipertexto, ou HTML no acrônimo em inglês.

No ano seguinte, em 1990, em coautoria com Richard Cailliau, o resultado da Proposta de Projeto Hipertexto foi cunhado de Rede de Alcance Mundial.

Essa rede pretendia resolver o problema de plataforma tal como originalmente concebido, ao oferecer uma linguagem própria para que, a partir de objetos referenciados, determinada informação pudesse ser acessada, em qualquer rede conectada, a partir dos chamados navegadores, ou *browsers*, embutidos com essa linguagem e acessíveis ao usuário (BERNERS-LEE; CAILLIAU, 1990, p. 5).

A evolução tecnológica na década de noventa do último século e nas primeiras décadas do Século XXI trataram de apresentar novas formas de interconexão, novas linguagens e plataformas e novos meios de armazenamento e recuperação de dados. De especial relevância para a presente reflexão, os métodos de armazenamento e recuperação de dados foram sobremaneira desenvolvidos no período em questão. É o que se examinará.

1.2.2. Os bancos de dados

Nos primórdios da computação, os dados sintetizados em computadores eram armazenados em arquivos convencionais processados de forma rígida e sequencial. Nessa metodologia, para alcançar determinado dado armazenado na máquina, adotava-se um processo em que toda a cadeia de armazenamento era lida, em sequência, até chegar ao dado pretendido.

Isso envolvia buscas intermináveis, por mais atalhos que, já àquela época, começassem a ser desenvolvidos (Barbieri, 2019, p. 4).

Não se falava naquela altura em computação em nuvem, quanto mais em computação na ponta. Tudo se resumia ao ambiente do computador ou, no máximo, à rede local e restrita a que estivesse conectado.

O desenvolvimento socioeconômico levou à necessidade de aperfeiçoar o meio como dados eram manipulados. Sugiram, então, os primeiros bancos de dados, a partir da implementação dos Sistemas Gerenciadores de Bancos de Dados, que adotavam modelagens hierárquicas[34], em rede[35] e, posteriormente, relacionais[36]. Para tanto, esses sistemas se utilizavam dos chamados *mainframes* ou "máquinas únicas, com CPUs poderosas e memórias em placas, [que] compunham o núcleo de processamento, mas tudo dentro da mesma unidade" (Barbieri, 2019, p. 8).

Algo ainda faltava para a difusão dos bancos de dados: uma linguagem própria de programação que permitisse manipular e modelar os bancos de dados para os objetivos organizacionais específicos de cada empresa. A Linguagem Estruturada de Pesquisa, mais conhecida pelo acrônimo inglês SQL, foi, então, desenvolvida pela IBM, a partir do Modelo Relacional de Dados escrito por Edgar F. Codd, e veio a ser implementada, em primeiro lugar, por Larry Ellisson, na sua empresa, a Oracle (Souza, 2014, p. 24)[37].

A progressão dos sistemas de bancos de dados tornou-se visível a partir de então, com empresas desenvolvendo e aprimorando seus bancos a partir dos softwares desenvolvidos a partir da SQL e chamados de "servidores". Não só a Oracle entrou nessa toada, mas também a Microsoft lançou o seu Microsoft SQL Server, sem contar a própria IBM (Stone, 2002, p. 159–160).

Um problema nesse tipo de estrutura em banco de dados dizia respeito à capacidade de armazenamento. Em infraestruturas compostas por *mainframes* essa capacidade ficava naturalmente limitada ou, no mínimo, com alto custo de expansão. Como, então, dar conta do crescente afluxo

[34] O banco de dados seguia a tradicional árvore hierárquica que sequenciava cada dado, a partir de sua matriz.

[35] Parecido com a árvore hierárquica, a modelagem em rede utilizava-se de grafos para permitir que de uma mesma instância de dado derivasse diferentes correlações.

[36] Evolução da modelagem em rede, na modelagem relacional aplica-se regras matemáticas de conjuntos para estabelecer relações lógicas entre dados que facilitem sua localização.

[37] A dissertação de Odécio Souza contém um importante registro histórico da relevância de Edgar F. Codd para a computação.

de dados derivado da expansão da Internet, no correr da última década do século XX? Sobretudo, como encarar o desafio de que não apenas os computadores, mas outros aparatos tecnológicos passaram a, também, trafegar dados pela internet[38]?

Em resposta, foram criados os primeiros bancos de dados não relacionais, a partir de uma linguagem derivada da SQL e intitulada NoSQL. Essa nova linguagem se baseou no Teorema CAP (consistência, disponibilidade e partição) que, como o próprio acrônimo diz, visa a particionar dados, tornando-os disponíveis, de maneira consistente, em múltiplas máquinas (servidores). Carlos Barbieri assim explica:

> Que tal se mudarmos a arquitetura centralizada para outra com milhares de máquinas menores, com os dados sendo distribuídos ou replicados em várias delas? Ou seja, agora estou particionando (*Partition*, letra P) os meus dados. Isso aumentaria a disponibilidade (*Availability*, letra A), pois agora tenho 5, 10 ou 100 máquinas onde posso buscar o dado desejado, caso uma delas esteja fora do ar, por exemplo. Por outro lado, a consistência (*Consistency*, letra C) ficaria 'relativamente' comprometida (2019, p. 11).

Revelam-se na linguagem NoSQL as bases fundamentais daquilo que veio a se chamar de computação em nuvem. Fale-se dela, portanto.

1.2.3. Computação em nuvem (*cloud*) e na ponta (*fog* e *edge*)

Uma rede estruturada em nuvem está distribuída em várias máquinas e seu conteúdo, um dado ou um serviço, é acessível à distância, remotamente, como se vê na figura a seguir.

[38] No início da década de noventa do Século XX, essa pergunta foi objeto de intensa discussão entre os expoentes do cenário tecnológico, em especial Larry Ellison, da Oracle, e Bill Gates, da Microsoft. Enquanto o primeiro já admitia que outros aparatos tecnológicos também tivessem importância no cenário de transmissão de dados pela Internet, o segundo focava sua atenção exclusivamente nos computadores, sobretudo os computadores pessoais (STONE, 2002, p. 29).

Figura 2 – Síntese da arquitetura computacional em nuvem

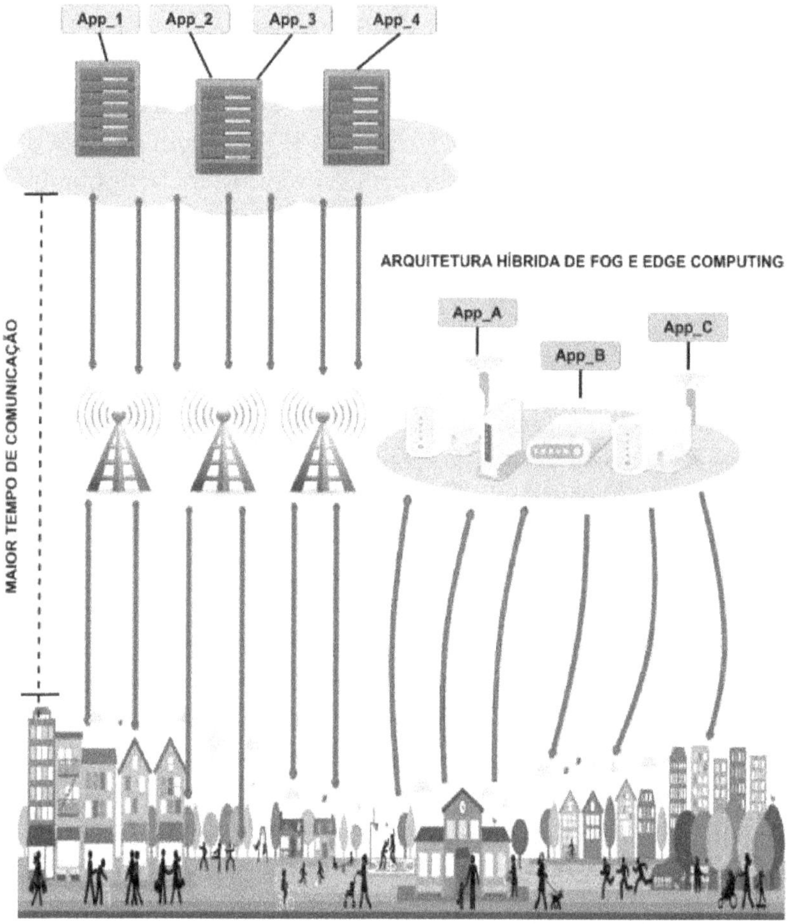

Fonte – SCHENFELD, 2017, p. 35 .

Na sua essência, a computação em nuvem pode ser compreendida tanto em seu aspecto *estrutural*, quanto em seu aspecto *operacional*.

Do ponto de vista *estrutural*, a computação em nuvem resolve dois problemas fundamentais: a capacidade de armazenamento e a dissipação de calor decorrente do ato de computar.

Viu-se que a base fundamental do armazenamento e circulação de dados são os transistores. Seu funcionamento envolve a transmissão de uma corrente elétrica que, como consequência, gera energia em forma de calor. À medida em que a tecnologia avançou, os transistores foram se reduzindo de tamanho para que mais deles coubessem em um mesmo circuito integrado. Chegou-se ao ponto de que incluir novos transistores em determinado circuito integrado, embora possível, implicaria a inutilização do próprio circuito, já que seus elementos químicos não eram capazes de suportar tamanho calor produzido pelos próprios transistores. A esse limite, a indústria da computação deu o nome de *power wall*.

A resolução do problema da *power wall* passou por estruturar redes com múltiplos terminais que, em paralelo, operavam em uma velocidade menor do que a máxima, de modo a gerar calor compatível com o limite suportável pelos circuitos integrados. A comunicação entre os múltiplos servidores e sua configuração coube aos softwares desenvolvidos e, essencialmente, às duas linguagens de que se falou acima, SQL e NoSQL.

Essas estruturas, compostas por múltiplos servidores atuando em paralelo para computar dados são os chamados *data centers*. Neles, o compartilhamento de terminais permitiu resolver a questão da capacidade de armazenamento dos servidores. A partir das estruturas paralelas, os recursos computacionais puderam ser compartilhados entre múltiplos servidores, criando uma infraestrutura hábil a receber um afluxo cada vez maior de dados e, sobretudo, a processá-los de maneira instantânea e remota.

São essas estruturas remotas que, no linguajar corrente, recebem o nome de computação em nuvem, o que não decorre do fenômeno natural das nuvens, como pode-se supor. Decorre do fato de que, no ambiente de tecnologia, os diagramas de mapeamento e organização de redes de computadores normalmente ilustram a figura da Internet no formato de uma nuvem. Dizer, assim, que um dado está na nuvem, é dizer, simplesmente, que ele está na Internet e não alocado em um servidor local ou em um disco de armazenamento (Comer, 2021, p. 12).

É perceptível que a metáfora, grosso modo, parte de uma falácia: na realidade o dado não *está* na Internet, ele apenas *trafega* por ela, mas fica *armazenado* em servidores, que são *acessados*, em regra, também pela Internet. Seria mais apropriado, portanto, dizer que *os servidores*, esses sim, estão *conectados* à Internet, a partir de ligações de altíssima velocidade e baixíssima latência[39].

[39] A latência mede o tempo despendido para acessar um dado armazenado em determinado banco de dados. Quanto mais longe estiver o banco de dados e quanto menor for a velocidade da rede, maior será a latência (COMER, 2021, p. 220).

Por isso, dizer que os servidores estão "em nuvem" é dizer que eles estão próximos, quase "dentro" da Internet, como esclarece Douglas Comer:

> Por que a indústria passou a usar o termo computação em nuvem e a falar que o computar está na nuvem, quando não está? Os primeiros bancos de dados que forneciam, em larga escala, serviços pela Internet demandavam conexões de alta capacidade às grandes redes *backbones* da Internet. Instalar um banco de dados perto de um ponto de conexão à Internet que esteja interconectado com as grandes redes *backbones* da Internet implica redução de custo. Alguns provedores, de fato, instalavam seus bancos de dados no mesmo andar e no mesmo prédio onde estava localizado um ponto de conexão dessa natureza. Como esse banco de dados estava localizado junto aos equipamentos de conexão [de um *backbone*] e não em um local separado, os engenheiros passaram a falar que o banco de dados estava na nuvem, e essa terminologia se difundiu (2021, p. 12)[40].

Do ponto de vista *operacional*, essas redes interconectadas são dotadas de aplicações que permitem que o usuário as acesse e trafegue por elas, enviando e recebendo dados, prestando ou tomando serviços digitais.

1.3. Ubiquidade: da técnica computacional ao direito

Nesse aspecto, é importante rememorar o que se falou, acima: dado é energia e, como tal, trafega pelas redes interconectadas em nuvem. Onde eles estão em determinado momento é algo de difícil ou impossível verificação. Por duas razões.

Primeiramente, porque a corrente elétrica, como natural, flui e se dissipa. Dados, dessa forma, seguem a mesma estrutura, possuindo um ciclo de vida próprio (FLORIDI, 2011, p. 14). Esse ciclo de vida se inicia com sua sintetização, quando é registrado como dado, após passar pelas portas lógicas; e termina com seu apagamento. Por isso, o dado está onde ele ficou memorizado.

Em segundo lugar, pois esses dados memorizados não, necessariamente, estão em um lugar só. São comumente replicados em instâncias idênticas com o fim de combater a latência das redes e de priorizar a segurança da informação.

[40] Tradução livre.

Com relação à latência, é comum que dados armazenados sejam replicados em múltiplos servidores, instalados em diferentes territórios, com o objetivo de aproximar o dado armazenado dos canais de conexão com a Internet, a partir dos quais o usuário comandará a exibição do dado em questão (Comer, 2021, p. 50).

Com relação à segurança da informação, constitui prática reconhecida a realização de arquivos de recuperação de dados, em servidores diferenciados e, muitas vezes, controlados por diferentes provedores de tecnologia em nuvem, com *datacenters* localizados em diferentes territórios.

A criação de várias instâncias de um mesmo dado recuperáveis a partir de servidores distintos possui um impacto em segurança de informação claro: indisponível um servidor, é ainda possível recuperar esse mesmo dado a partir de outro servidor. Não é, como será visto adiante, uma questão puramente técnica, mas até mesmo filosófica, pois diz respeito a uma das características fundamentais do ambiente no qual dados circulam e que depende fortemente de conexões instantâneas e, sobretudo, ininterruptas: a hiperconexão.

Há um terceiro aspecto a merecer reflexão no contexto do armazenamento de dados: dados em nuvem podem ser acessados de qualquer lugar em que um usuário com as devidas autorizações comande seu acesso.

É nesse sentido que se diz que dados são ubíquos: eles podem ser *armazenados* em múltiplos lugares ao mesmo tempo e podem ser *acessados* a partir de múltiplos lugares a qualquer tempo. Fala-se, assim, de ubiquidade dos dados, da computação e da tecnologia (Mendes, 2022a, p. XX).

Por isso, como se verá em mais profundidade à frente, a regulação sobre dados pessoais passa por reescrever e reposicionar o conceito de território como elemento central de aplicação normativa. O esforço das próximas linhas dessa obra será esclarecer como os critérios de aplicação normativa devem ser lidos nesse contexto.

Nesse sentido, Jennifer Daskal apresenta dois desafios *normativos* para a territorialização dos dados. Primeiro: enquanto os dados transitam sem qualquer vinculação territorial, o exercício da jurisdição estatal sobre divergências relacionadas a dados é essencialmente territorial (2019, p. 180). Segundo: esse exercício de jurisdição, em si mesmo, implica discutir o que é territorial e o que é extraterritorial na regulação de um meio predominantemente "desterritorializado"[41] (2019, p. 181).

[41] Jennifer Daskal utiliza o termo "a-territorial", em inglês: "*unterritorial*".

Um último aspecto merece ser discutido nesse Capítulo e envolve diferenciar a computação em nuvem da computação na ponta – conhecida como *edge* ou *fog computing*. Essa última, muito mais recente, parte da interoperabilidade entre os diversos sistemas de armazenamento de dados, cumulando ferramentas embarcadas em nuvem, com servidores embarcados nos próprios terminais, sejam eles computadores, celulares, relógios digitais, ou outros bens e equipamentos dotados de conexão com a Internet.

Trata-se da tecnologia base da Internet das Coisas, porque pressupõe um esquema de compartilhamento de capacidade operacional e de armazenamento entre servidores estruturados em nuvem, com os próprios terminais nos quais os dados são originados e/ou requisitados.

A infraestrutura que permite esse acesso interoperável é chamada *fog computing*. Trata-se de uma "infraestrutura de computação na qual aplicações e serviços podem ser tratados tanto em servidores cloud, como na própria rede" (Schenfeld, 2017, p. 32). Já "a metodologia que coloca o processamento (dados, cálculos, serviços, entre outros) fora de um ponto central (Core Middleware) para as extremidades da rede" recebe o nome de *edge computing* (Schenfeld, 2017, p. 33).

De maneira mais prosaica, é precisamente a partir dessas tecnologias que nossos celulares e computadores pessoais passam a participar da infraestrutura global de armazenamento e tratamento de dados pessoais. Disso decorrem três conclusões.

Primeiramente, a responsabilidade pelos dados armazenados e tratados nos dispositivos pessoais passa a ser compartilhada entre os desenvolvedores dos aplicativos e os armazenadores dos dados, o que implica a necessidade de transparência e clareza quanto à implementação dessas tecnologias em determinado aplicativo.

Em segundo lugar, esses mecanismos de compartilhamento e interoperabilidade asseguram maior robustez aos sistemas de interconexão, em especial à Internet, permitindo maior velocidade de acesso e menor latência. Essa, na realidade, é considerada a função primordial da computação na ponta, a qual, segundo a doutrina especializada, estaria "na gênese" desse paradigma (Vales; Moura; Marinheiro, 2019, p. 84).

Em terceiro lugar, a despeito dos benefícios da evolução tecnológica derivada da computação na ponta, não é possível descurar dos meios de regulação dessa tecnologia, em busca de evitar o desbalanceamento de poder entre aqueles que tratam os dados e os titulares, em especial com o fenômeno do *Big Data*.

Com efeito, a partir do *Big Data* é possível "controlar comportamentos individuais e coletivos, para registrar tendências de desenvolvimento para permitir novos tipos de produção e distribuição, bem como tarefas do Estado, mas também para novas formas de ilegalidade, especialmente o cibercrime" (Hoffmann-Riem, 2022, p. 3).

Diversos são os estudos que, do ponto de vista do ambiente da tecnologia (e não do Direito) apontam esse desequilíbrio de poder. Frank Pasquale, por exemplo, considera as ferramentas de reconhecimentos de padrão de comportamento (*pattern-recognition*) como o "nome do jogo" quando se fala do uso de algoritmos no *Big Data*. Isso porque é a partir dessas ferramentas que se torna possível "conectar os pontos do passado para prever o futuro" a partir de regras lógicas, registradas em algoritmos, desconhecidas do titular, em verdadeiras caixas-pretas (2015, p. 20). Shoshana Zuboff, por sua vez, caracteriza esse fenômeno como uma nova fronteira do poder, um poder instrumentário de uma modernidade que se inicia com a subversão do capitalismo para uma modalidade que tem a vigilância como seu elemento chave (2019, p. 361–362).

Concluída a análise técnica dos dados, enquanto fenômenos oriundos da engenharia e da ciência da computação, passa-se a tratar do ambiente no qual os dados circulam. É o momento de discutir *infosfera* e hiperconectividade.

2
INFOSFERA E HIPERCONEXÃO

O segundo capítulo deste trabalho se voltará à hiperconexão, característica específica da *infosfera*, ambiente no qual os dados pessoais trafegam, e que revela o alargamento conceitual do território.

O capítulo se divide em duas seções. A primeira se volta a reler as bases teóricas dos pensadores da *infosfera*, e a segundo busca revisitar casos paradigma que tensionaram a *infosfera* e, assim, colocaram em evidência a hiperconexão que aqui se discute.

2.1. Viver na *infosfera*: hiperconexão enquanto desafio normativo

As epígrafes dessa obra são intencionais. Se, de um lado, as leis de Melvin Kranzberg, postas em 1986, indicam que a inovação tecnológica é multifacetada e pode ser usada para finalidades mais ou menos éticas, mais ou menos humanas, os estudos de Luciano Floridi indicam que a captura, pelo Direito, dos fatos atinentes à inovação tecnológica passa por uma releitura da própria noção de Estado, de território e (por que não?) de Direito.

Com efeito, quando Luciano Floridi, nos idos de 1995, indicou que "a Internet é como um novo país", ele traçou o problema central que veio, então, a discutir em suas reflexões subsequentes (Floridi, 1995, p. 261).

Filósofo italiano, Floridi é reconhecidamente um dos expoentes do estudo da sociedade da informação e dos impactos ético-morais (Floridi, 1999) e filosóficos (Floridi, 2011) da evolução tecnológica, particularmente do ambiente no qual a informação circula.

Ao comparar a Internet a um país, Floridi apresenta um novo *locus*: eminentemente desterritorializado, o ambiente engendrado a partir da

Internet foi por ele cunhado de "*infosfera*", abreviatura para atmosfera informacional (Durante, 2017, p. 34).

A *infosfera* responde à ultrapassada distinção entre *online* e *offline*, diante de uma verdadeira captura deste por aquele. Como explica Luciano Floridi, do ponto de vista filosófico "a *infosfera* está progressivamente absorvendo qualquer outro espaço ontológico" (Floridi, 2013, p. 8). Para Manuel Castells, na perspectiva das ciências sociais, "a virtualidade se torna uma dimensão essencial de nossa realidade" (Castells, 2020, p. 11)[42].

É relevante entender a nomenclatura utilizada. Floridi não fala de *território* informacional, mas sim de *atmosfera* informacional. Reconhece, portanto, que os vínculos com a sociedade e, sobretudo, com a informação se dão quase que por osmose[43]. Todos estão envolvidos, afinal, nesse novo ambiente, quer queiram, quer não.

Ultrapassar fronteiras, nesse aspecto, não permite desvincular desse novo ambiente. Nem mesmo os Tuaregues, vivendo nos rincões mais longínquos do Saara, estão fora desse novo ambiente. Ao menos seus dados de geolocalização podem ser obtidos via satélite e podem ser transmitidos e armazenados.

Isso não implica que o território tenha perdido seu lugar de destaque no Direito Internacional Privado, em especial no tocante à determinação de lei aplicável. Nesse aspecto, Pierre Lalive, em seu Curso da Haia de 1977, explica que o sentido tradicional do Direito Internacional Privado está no "*fenômeno da fronteira*" (Boggiano, 2000, p. 15), isto é, na percepção de que há, do outro lado da fronteira, concepções culturais, sociais, econômicas, políticas, filosóficas e religiosas que podem (mas não necessariamente devem) se afastar das concepções praticadas do lado de cá dessa mesma fronteira (Lalive, 1977, p. 15)[44].

[42] Aqui Castells e Floridi se distanciam de outros pensadores que não consideram o virtual como a antítese do real. É o caso de Pierre Levy, para quem o virtual é o contrário do atual (Lévy, 2011, p. 19–20). A despeito disso, o mencionado filósofo francês será citado no curso dessa obra por coincidir com os marcos teóricos aqui definidos no que toca às características dos dados (ubiquidade e hiperconexão).

[43] O termo utilizado apenas quer reconhecer se tratar de um processo que não envolve gasto energético da parte do usuário.

[44] Assim disse Pierre Lalive: "a criança que viaja pela primeira vez perceberá do outro lado, concretamente, as diferenças de idioma, de uniformes, possivelmente de horários, todos os signos ou símbolos de outras leis e poderes" (tradução livre) (1977, p. 15).

Sem prejuízo dessa inegável função exercida pelo território, na *infosfera* essas fronteiras ficaram nebulosas, assim como restaram turvos quaisquer limites territoriais, diante de sua natureza deslocalizada (Slane, 2008, p. 30), ou, ainda, desterritorializada (Lévy, 2011, p. 24).

Por isso, Luciano Floridi ensina que a sociedade informacional gerou modificações ao próprio entendimento do que é *ser* humano na *infosfera*, atribuindo-lhe uma faceta adicional, em que o ser humano se comporta, essencialmente, como um organismo informacional, ou, na nomenclatura floridiana, um "inforg" (*informational organism*). Como esclarece Luciano Floridi, as TICs "são ferramentas ontológicas, pois elas operacionalizam novos ambientes que o usuário é, então, autorizado a habitar" (Floridi, 2006, p. 110).

Não se trata de uma transmutação[45]: não se deixa de ser humano para se tornar um organismo informacional. Mas, nos comportamos como organismos informacionais como uma das *formas* de nos relacionarmos com nosso entorno. Para Floridi "nós não somos *apenas* inforgs, mas não devemos ter medo de nos considerarmos como inforgs" (Floridi, 2013, p. 320).

É importante notar a centralidade e relevância dessa constatação, sobretudo para a visão plural e cosmopolita que propõe a presente obra: a *infosfera*, composta a partir da infraestrutura técnico-social desenvolvida por cientistas das mais variadas áreas de atuação, tornou-se um ambiente que não apenas se destina à pessoa humana, mas que ressignifica o que é ser humano. E, nessa frente de embate, entre o que somos e o que podemos-ser-na-*infosfera*, está uma parte considerável dos dilemas vivenciados nesse novo ambiente informacional: como conviver com novas "inteligências"? Como se adequar a máquinas que "pensam" e "aprendem"? Como regular o ubíquo? Como controlar dados que trafegam em velocidade superior à capacidade humana de percepção? Como conviver com algoritmos que refinam dados pessoais com cada vez mais precisão e menos transparência?

Nesse mundo *onlife*, afinal, "os sistemas de computador podem, em grande parte, libertar as pessoas da necessidade de tomar decisões".

45 Muitas das críticas dirigidas a Floridi tem esse fundamento. Baseiam-se em que Floridi teria proposto uma espécie de transmutação, quando, em última análise, o que ele discute é *comportamento* (viés ético-moral) e *significado* (viés ontológico). Não discute, assim, no que nos tornamos, mas, sim, como nos posicionamos nessa infosfera, enquanto seres humanos (e informacionais) e como nos comportamos perante os demais agentes que dela participam. Sobre as críticas, confira, em especial, Rafael Capurro (2008).

De um lado, isso é visto com bons olhos, na perspectiva da qualidade de vida, mas por outro, isso significa o corroer de "um princípio básico das sociedades modernas, a autonomia da ação" (HOFFMANN-RIEM, 2022, p. 29).

Todas essas inquietações partem, essencialmente, de uma característica da *infosfera*: uma conexão imperceptível, imediata, síncrona e incondicionada. Fala-se, assim, em hiperconexão. Dados, portanto, foram convertidos em nosso "principal ecossistema, cuja lógica apresenta ao menos quatro elementos chave: globalidade, sincronicidade, correlação e deslocalização" (ALMENDROS; ECHEVERRÍA, 2019, p. 160).

A conjugação entre a *infosfera* e a hiperconectividade cria o que se chama de hiper-realidade (CAPURRO, 2008, p. 170). Novamente a terminologia empregada é relevante: a *infosfera* não deixa de ser real. Ao contrário, essa realidade é apenas acentuada a partir da conectividade.

Mais que isso, Floridi mesmo reconhece que essa hiperconectividade deve ser vista como uma nova fase histórica do ser humano: a hiper-história, em que "há TICs, eles armazenam, transmitem e acima de tudo, tratam dados, e as sociedades humanas tornam-se vitalmente dependentes [das TICs] e da informação como insumos essenciais" (FLORIDI, 2012, p. 130) [46].

Novamente aqui, portanto, demonstra-se como as TICs ressignificaram o ser humano e seu entorno. Será que elas também ressignificaram, ou deveriam ressignificar, o Direito Internacional Privado, no contexto do fluxo transnacional de dados? Essa é a pergunta a ser respondida nos próximos capítulos.

Dados, portanto, se colocam não como uma commodity transacionável, como no caso do petróleo. São, antes de tudo, um componente intrínseco da natureza humana, a partir do momento em que passamos a ocupar esse novo espaço, a *infosfera*. Eles não são combustíveis não renováveis, tampouco sua produção em escala está restrita a determinadas localidades do globo, ou nas mãos de poucos contendentes. Dados estão aqui, ali, em todo lugar, e nos cabe refletir sobre como lidar com eles na perspectiva normativa.

E, nessa reflexão, não se pode partir de uma visão determinista, buscando atribuir conotações positivas ou negativas à hiperconectividade.

[46] Essa acentuação pode ser vista no fenômeno do Big Data, em que já se trabalha com o conceito de "hiperdata" (PORTMESS; TOWER, 2015, p. 4).

Ao revés, como aqui epigrafado, Melvin Kranzberg já dizia, em 1986, que a tecnologia é *neutra*, sendo esse elemento de neutralidade o principal desafio normativo ao se falar em dados pessoais. Afinal, "o conhecimento adquirido com a combinação de diferentes dados é uma base essencial para novos conhecimentos e para o sucesso econômico das empresas que utilizam as tecnologias digitais para análise, previsões, consultas, decisões de produção, estratégias de negócios etc", alerta Wolfgang Hoffmann-Riem (2022, p. 16). Por outro lado, o mesmo autor pontua que "mesmo os programadores podem perder a transparência e a rastreabilidade dos processos", em especial na perspectiva da inteligência artificial (2022, p. 19).

Em conclusão, ubiquidade e hiperconectividade são as bases do ambiente informacional, por onde trafegam dados, sem qualquer vinculação territorial aparente, em um verdadeiro emaranhado de conexões e reconexões, em que, a um só tempo, a exibição de um mesmo dado pode ser comandada de vários locais distintos, e recuperada a partir de instâncias diferentes desse dado armazenadas também em locais distintos. Portanto, a noção de território, ao menos na forma como tradicionalmente posta pelo Direito Internacional, não é um conceito chave para a aplicação normativa de leis de proteção de dados. É necessário ressignificar tal conceito.

Como se demonstra na sequência desse trabalho, a partir da análise comparada dos normativos brasileiro e europeu sobre proteção de dados pessoais, é possível compreender, sobre o pano de fundo técnico-filosófico resumido nesta Primeira Parte, como devem ser interpretadas as regras de aplicação normativa e de extraterritorialidade de ambas as leis.

2.2. Casos Google e Facebook: o território enquanto desafio normativo

As presentes reflexões não se fazem em um plano puramente teórico. É necessário considerar como esses desafios vêm sendo enfrentados pelos órgãos de administração da justiça. Nesse aspecto, o direito europeu fornece um relevante banco de decisões judiciais e administrativas com respeito aos mais variados temas atinentes à proteção de dados pessoais.

Na perspectiva judicial, o Tribunal de Justiça da União Europeia (TJUE) é de relevância ímpar no desenvolvimento do direito europeu de proteção de dados pessoais, em especial em sua função consultiva, em que uma agência de proteção de dados pessoais de um Estado-Membro, ou o próprio órgão judicial de um Estado-Membro, submetem ao TJUE dúvidas interpretativas sobre as leis, regulamentos e diretivas da União Europeia.

Dentre elas, tornou-se comum submeter questões sobre a Diretiva 95/46 e, posteriormente, sobre o próprio RGPD.

Na perspectiva administrativa, o GPP – Grupo de Proteção às Pessoas no que diz respeito ao tratamento de dados pessoais constituído com fundamento no artigo 29 da Diretiva 95/46 – funcionou como instância consultiva essencial às agências de proteção de dados europeias, sobretudo "com vistas a contribuir para a aplicação uniforme" do RGPD, conforme artigo 30, 1, "a" da Diretiva 95/46. Posteriormente, já sob a égide do RGPD, o GPP foi substituído pela CEPD, conforme artigo 68 do referido Regulamento.

Dentre os temas tratados por essas decisões está a ressignificação dos critérios de aplicação normativa do RGPD. Importa conhecer esses julgados, os quais servirão de base para as reflexões que se iniciarão na Segunda Parte dessa obra.

2.2.1. A saga do Google perante o TJUE

Como motor de busca mais utilizado na Internet[47], o Google é recorrentemente requisitado por titulares a tomar medidas com seus respectivos dados pessoais tratados pela plataforma. Em vista da quantidade de requisições, parte delas não é atendida a contento, seja na perspectiva do titular do dado pessoal, seja na perspectiva da agência de proteção de dados pessoais do Estado membro da União Europeia relevante, ensejando procedimentos administrativos perante as respectivas agências, que, em casos mais conflituosos, são levados aos órgãos judiciais dos Estados-Membro e, em último caso, ao TJUE.

O caso célebre do TJUE, discutido no Processo nº C-131/12, trata de disputa entre Mario Costeja Gonzalez, a matriz do Google e sua sucursal espanhola, bem como o Jornal catalão La Vanguardia[48]. Para proferir sua

[47] Segundo informações recentes, o Google computa mais de oitenta por cento das buscas realizadas pela Internet, seguido da plataforma Bing, da Microsoft, que computa pouco menos de dez porcento (FORSEY, 2022).

[48] O caso é paradigmático por tratar do chamado "direito ao esquecimento", que veio a ser posteriormente positivado no RGPD, mas não na LGPD. Esse direito tampouco é reconhecido como tal pelo direito brasileiro, conforme decidido pelo Supremo Tribunal Federal no Recurso Extraordinário nº 1.010.606 – RJ, de relatoria do Exmo. Ministro Dias Toffoli, julgado em 11 de fevereiro de 2021. O julgamento fixou a Tese de que "[é] incompatível com a Constituição a ideia de um direito ao esquecimento, assim entendido como o poder de obstar, em razão da passagem do tempo, a divulgação de fatos ou dados verídicos e licitamente obtidos e

decisão, o Tribunal Recursal da Espanha ("Audiência Nacional") solicitou à TJUE que apresentasse opinião consultiva sobre a interpretação dos artigos da Diretiva 95/46 aplicáveis à lide.

Em síntese, Mario Costeja Gonzalez pediu ao Google que apagasse ou suprimisse as referências a determinados dados pessoais encontrados a partir de pesquisas no motor de busca do Google e tomasse medidas para impedir o futuro acesso a tais dados.

O autor teria tido bens seus arrestados, em razão de dívidas tributárias, que vieram a ser liquidadas. Mais de uma década depois, as informações de que teria sofrido arresto e acumulado dívidas tributárias permaneciam acessíveis ao público, no sítio eletrônico do Jornal La Vanguardia, onde foi publicado o edital por meio do qual se dava notícia do arresto e das informações do leilão em hasta pública de imóveis de sua propriedade, e no motor de buscas do Google.

A associação de seu nome a tais dívidas, já resolvidas e solvidas décadas atrás, lhe causara constrangimento, razão pela qual formulou pedido de apagamento, supressão de referências e impedimento de acesso futuro.

Administrativamente, a Autoridade Espanhola de Proteção de Dados julgou improcedente o pedido contra o Jornal La Vanguardia, tendo em conta que a publicação da notícia se deu por ordem jurisdicional, mas deu procedência aos pedidos dirigidos ao Google, matriz e sucursal espanhola. Segundo a Autoridade, independentemente do conteúdo dos sítios eletrônicos, está ao alcance do motor de busca promover a "retirada dos dados e a interdição de aceder a determinados dados", nos casos em que "sua localização e a sua difusão são suscetíveis de lesar o direito fundamental de proteção dos dados e a dignidade das pessoas em sentido amplo" (Mario Costeja Gonzalez v. Google Spain, 2014, parag. 17).

No tocante ao âmbito de aplicação territorial da Diretiva nº 95/46, o entendimento manifestado pelo Google foi de que a Diretiva não deveria incidir, tampouco a lei espanhola promulgada a partir dela, na medida em que o tratamento dos dados teria sido realizado exclusivamente por sua matriz, estabelecida nos Estados Unidos, "sem intervenção alguma" da

publicados em meios de comunicação social analógicos ou digitais. Eventuais excessos ou abusos no exercício da liberdade de expressão e de informação devem ser analisados caso a caso, a partir dos parâmetros constitucionais – especialmente os relativos à proteção da honra, da imagem, da privacidade e da personalidade em geral – e das expressas e específicas previsões legais nos âmbitos penal e cível".

subsidiária espanhola ("Mario Costeja Gonzalez v. Google Spain", 2014, parag. 51). Coloca-se aí o território enquanto elemento de conexão (ou, na realidade, desconexão) do fato jurídico à União Europeia.

No entendimento o TJUE, para incidência da legislação europeia seria necessário considerar se o tratamento foi realizado no contexto das atividades da sucursal espanhola. Caso positivo, a legislação espanhola, inspirada na Diretiva, deveria se aplicar. Caso negativo, haveria de se determinar a lei pelas regras de Direito Internacional Privado do respectivo Estado-Membro.

Nesse aspecto, o TJUE entendeu que parte substancial do tratamento dos dados era realizada fora da Europa, através dos *web-crawlers* programados pela matriz do Google para varrer os sítios eletrônicos e indexar as informações nele contidas.

De outro lado, considerou que a exibição do dado pessoal em um sítio eletrônico hospedado em domínio espanhol constituiria atividade de tratamento praticada na União Europeia. Sobretudo, o TJUE considerou que a sucursal espanhola exercia o comando das atividades de publicidade executadas nas páginas que apresentavam os resultados de pesquisas, incluindo quando se pesquisava o nome do reclamante.

Tratou-se, assim, de um serviço oferecido em território europeu, indissociável das atividades de tratamento executadas para fins de operacionalizar a busca a partir do motor desenvolvido pelo Google. Em vista disso, reconheceu o Tribunal que a Diretiva 95/46 incidiria sobre o caso, assim como a legislação espanhola de proteção de dados.

Outra demanda de opinião consultiva, dessa vez originada do Conselho de Estado (*Conseil d'Etat*), última instância administrativa da França, teve por objeto o processamento de uma reclamação dirigida à matriz do Google pela autoridade de proteção de dados francesa, a *Commission Nationale de l'Informatique et des Libertés*, mais conhecida pelo acrônimo CNIL.

Nesse caso, o Processo nº C-507/17, a CNIL aplicou ao Google multa de cem mil euros pelo descumprimento da Diretiva 95/46 e, por consequência, da lei francesa de proteção de dados, baseada na referida Diretiva. Especificamente, a violação caracterizada foi o descumprimento parcial de uma ordem de supressão de referências a sítios eletrônicos determinada pela CNIL.

Antes de discutir os argumentos invocados no processo em questão, nota-se que, no interregno entre a reclamação da CNIL e a prolação da decisão do TJUE, sobreveio o RGPD que passou, então, a se aplicar sobre a questão, incluindo, por óbvio, suas regras de aplicação territorial (Google, Inc v. CNIL, 2019, parag. 12–14). Como consequência, tratou-se do primeiro caso envolvendo o Google a discutir expressamente o artigo 3º do RGPD.

Segundo o Google, a decisão administrativa teria se equivocado ao impor-lhe a obrigação de suprimir referências acessadas a partir de domínios estrangeiros (não europeus). Google não discute, assim, que o RGPD se aplicaria, uma vez que a atividade de tratamento era, em parte, executada por sua sucursal francesa. Discute, isso sim, os *efeitos extraterritoriais* das medidas determinadas pelas autoridades nacionais de proteção de dados dos Estados-Membro.

Ao responder à consulta, o TJUE fez remissão à decisão do caso Mario Costeja Gonzalez, no sentido de que a legislação europeia deveria incidir porque "o operador de um motor de busca cri[ou] num Estado-Membro uma sucursal ou uma filial destinada a assegurar a promoção e a venda dos espaços publicitários propostos por esse motor de busca, cuja atividade é dirigida aos habitantes desse Estado-Membro" (Google, Inc v. CNIL, 2019, parag. 49). Isso, nas palavras do TJUE, corresponderia a um tratamento exercido "no contexto das atividades" de um Estado-Membro, na acepção do artigo 3º do RGPD.

Corroborando esse entendimento, o TJUE ainda notou que, para diferenciar os locais de acesso e personalizar a experiência do usuário, o Google faz uso de "passadeiras", dentre os quais os conhecidos *cookies*, para armazenar dados de localização geográfica do usuário e assim oferecer-lhe o acesso ao domínio do Google relativo a tal localização. O uso dessas passadeiras, no entender do TJUE, representa haver uma atividade única de tratamento, que é segmentada e exibida de maneiras específicas, a depender da localidade presumida do usuário. Com base nisso, o TJUE concluiu que:

> No presente caso, resulta das indicações fornecidas na decisão de reenvio, por um lado, que o estabelecimento de que a Google dispõe no território francês exerce atividades, nomeadamente comerciais e publicitárias, que estão indissociavelmente ligadas ao tratamento de dados pessoais efetuado com vista às necessidades de funcionamento do motor de busca em causa e, por outro, que se deve considerar que esse motor de busca, tendo em conta, nomeadamente, a existência de passadeiras entre as suas diferentes versões nacionais, efetua um tratamento de dados pessoais único. Nestas condições,

o órgão jurisdicional de reenvio considera que o referido tratamento é efetuado no âmbito do estabelecimento da Google situado no território francês. Resulta assim que semelhante situação é abrangida pelo âmbito de aplicação territorial da Diretiva 95/46 e do Regulamento 2016/679 [RGPD] ("Google, Inc v. CNIL", 2019, p. 52).

Entretanto, no tocante aos efeitos extraterritoriais, o TJUE considerou impróprio que o Google se visse forçado a proceder à supressão de referência em todos os domínios indexados por seus *webcrawlers*, inclusive os relativos a Estados não integrantes da União Europeia. Igualmente reconheceu que o direito à supressão de referências não é adotado em todas as legislações, sendo descabido que os pretensos efeitos extraterritoriais pudessem incidir sobre uma localidade em que tal direito não é reconhecido. Com base nisso, negou o pedido da CNIL e deu procedência à reclamação do Google.

Nesse caso, pois, o TJUE refreou a abrangência pretendida pela autoridade nacional. Essa típica contenção demonstra o reconhecimento do referido Tribunal de que as regras de aplicação normativa devem levar em conta as peculiaridades dos outros Estados envolvidos, bem como dos próprios dados pessoais, em especial sua ubiquidade, que lhes permite serem acessados de diferentes localidades ao mesmo tempo, parte das quais não submetidas ao direito europeu.

Em outras opiniões consultivas, o entendimento do TJUE sobre o significado de "contexto de atividades", no tocante ao primeiro inciso do artigo 3º do RGPD, continuou a ser esclarecido. Em especial, em outro caso envolvendo outra grande plataforma tecnológica, o Facebook.

2.2.2. Facebook e caso Weltimmo

No Processo nº C-645/19, envolvendo a matriz do Facebook, e suas sucursais irlandesa e belga, discutiu-se a competência primária e subsidiária das agências irlandesa e belga de proteção de dados para intentar ações relativas ao descumprimento pelo Facebook de dispositivos do RGPD.

A questão ali colocada decorria de que, na estruturação empresarial do Facebook na Europa, cabia à sucursal irlandesa realizar as atividades de tratamento de dados de comportamento dos usuários, enquanto a filial belga tinha função institucional frente aos órgãos públicos europeus. Nesse sentido, a controvérsia residia sobre se a agência belga teria competência para promover a ação, considerando que o tratamento teria sido executado em outro estabelecimento, também situado na Europa, mas na Irlanda[49].

Em que pese não se refira a aplicação de dois ordenamentos jurídicos distintos e isolados, mas sim à competência de órgãos de dois Estados--Membro, o TJUE foi enfático ao dizer que para uma proteção eficaz dos dados pessoais "a condição segundo a qual o tratamento de dados pessoais deve ser efetuado 'no contexto das atividades' do estabelecimento em causa não pode ser objeto de uma interpretação restritiva" (Facebook Ireland v. Gegevensbeschermingsautoriteit, 2021, parag. 91).

Por fim, no Processo C-230/14, ainda sob a égide da Diretiva 95/46, discutiu-se também controvérsia entre dois Estados-Membro sobre a competência para processar uma reclamação contra a sociedade Weltimmo, uma corretora de imóveis eslovaca que, em seu website, acessível de diversas localidades na Europa, anunciava oportunidades de investimentos imobiliários. A ação foi intentada pela autoridade de proteção de dados húngara e dizia respeito a um pretenso descumprimento da Weltimmo com relação a dados pessoais dos proprietários dos imóveis acessados pelo website com domínio húngaro.

Nesse caso, assim como no caso antecedente, envolvendo o Facebook, debateu-se a competência das agências de proteção de dados. Em *Weltimmo*, todavia, não estava em vigor o mecanismo de balcão único, que veio somente com o RGPD, motivo pelo qual a decisão, à época, possuía particular relevância[50].

Para o contexto da presente pesquisa, *Weltimmo* confirma a interpretação abrangente a ser dada ao "contexto das atividades", de modo que, não só é desnecessário que a atividade de tratamento seja exercida pelo agente de tratamento estabelecido na União Europeia, como também que, para que a atividade esteja em seu contexto de atividades, basta que haja uma

[49] De maneira resumida, já que foge ao escopo dessa obra, cabe esclarecer que o RGPD adota o mecanismo de "balcão único", segundo o qual a autoridade de controle principal, isto é, a relativa ao local onde fica o "principal estabelecimento" do agente de tratamento do dado, teria precedência sobre as demais autoridades de controle eventualmente interessadas no litígio, cabendo, assim, à primeira, intentar eventual ação por descumprimento do RGPD. Tratou-se de inovação do RGPD, prevista em seu artigo 56, I, que estabelece o chamado "one-stop-shop mechanism" (Hijmans, 2020, p. 913).

[50] Curioso notar que a decisão em Weltimmo foi publicada um dia antes da decisão no primeiro e célebre caso envolvendo Max Schrems.

conexão mínima entre tal estabelecimento e a atividade, sendo suficiente, por exemplo, o registro de domínio naquele Estado-Membro. Assim decidiu o TJUE:

> 35. O Tribunal de Justiça já considerou que o artigo 4.º, n.º 1, alínea a), da Diretiva 95/46 exige que o tratamento de dados pessoais em questão seja efetuado não «pelo» próprio estabelecimento em causa, mas apenas «no contexto das atividades» deste (acórdão Google Spain e Google, C-131/12, EU:C:2014:317, n.º 52).
>
> 36. No presente caso, o tratamento em causa no processo principal consiste, designadamente, em publicar, nos sítios Internet de anúncios imobiliários da Weltimmo, dados pessoais dos proprietários desses imóveis, bem como, se for caso disso, em utilizar esses dados para as necessidades de faturação dos anúncios depois de decorrido o período de um mês.
>
> 37. A este respeito, há que recordar que, no que se refere em especial à Internet, o Tribunal de Justiça já teve oportunidade de constatar que a operação que consiste em colocar, numa página Internet, dados pessoais deve ser considerada um «tratamento», na aceção do artigo 2.º, alínea b), da Diretiva 95/46 (acórdãos Lindqvist, C-101/01, EU:C:2003:596, n.º 25, e Google Spain e Google, C-131/12, EU:C:2014:317, n.º 26).
>
> 38. Ora, não há dúvidas de que esse tratamento ocorreu no contexto das atividades, descritas no n.º 32 do presente acórdão, às quais a Weltimmo se dedica na Hungria ("Weltimmo v. Nemzeti Adatvédelmi és Információszabadság Hatóság", 2015).

Nota-se, assim, a flexibilidade adotada pelo TJUE, a qual, justifica o Tribunal, decorre do interesse da União Europeia de dar maior abrangência às liberdades individuais e as proteções dos direitos fundamentais, aí incluindo a proteção de dados pessoais.

Estão, assim, lançados os pressupostos fundamentais que nortearão as reflexões jurídicas da Segunda Parte dessa obra.

De um lado, o Primeiro Capítulo buscou esclarecer o que torna os dados pessoais elementos ubíquos. Eles são, no fim das contas, energia, e, como tal, circulam sem respeito a fronteiras, limites, territórios. Eles, ademais, são sintetizados e armazenados a partir de recursos de engenharia eletrônica e, movidos por meio de protocolos de comunicação, podem ser resgatados, recuperados, ou copiados desde diferentes terminais a um só tempo.

De outro lado, o Segundo Capítulo teve a função de traçar os contornos da *infosfera* e de um de seus elementos estruturais, a hiperconexão, bem como identificar, a partir de casos concretos, as questões decorrentes desses elementos estruturais que recaíram sobre o TJUE.

Como o titular se coloca nesse novo ambiente é um aspecto central da reflexão, na medida em que se acentuou a constatação de que dados formam e conformam a própria personalidade, de sorte que o titular passa a ser considerado um organismo informacional.

Passa-se, assim, à Segunda Parte dessa obra, em que os critérios de aplicação normativa serão colocados em contexto, a partir de uma abordagem crítica ancorada no pluralismo legal e em sua vertente cosmopolita.

SEGUNDA PARTE: LEI APLICÁVEL NA *INFOSFERA*

3
DETERMINAÇÃO DO DIREITO APLICÁVEL AOS DADOS PESSOAIS

O Terceiro Capítulo dessa obra tem como pano de fundo as conclusões técnicas dos capítulos antecedentes. Parte das premissas de que dados e, em especial, dados pessoais estão inclusos nessa nova atmosfera informacional (a *infosfera*), a qual lhes permite trafegar em velocidade superior à capacidade humana de percepção e, precisamente por isso, ser requisitados, em diferentes localidades, ao mesmo tempo.

Nessa perspectiva, o Capítulo se reservará a compreender de que forma o Direito Internacional Privado brasileiro está estruturado no tocante ao fluxo internacional (além-fronteiras) desses dados pessoais. A reflexão tomará por base as hipóteses de incidência da LGPD e proporá uma análise dialogada com as hipóteses de incidência do RGPD.

Como ponto de partida, deve-se ter em conta que, em uma sociedade interconectada, com ambientes cada vez mais líquidos e menos dependentes do território, a discussão sobre aplicação de normas dedicadas a proteção de dados está envolta em controvérsias[51]. Nas próximas linhas serão apontadas essas dissonâncias e, a partir da análise crítica, buscar encontrar caminhos ou respostas mais pluriconectadas.

Antecipando o que adiante será analisado, as hipóteses previstas nesses dois marcos normativos se baseiam em compreender os diferentes *locus* em que o dado pessoal, o titular do dado pessoal ou o agente de tratamento

[51] Dan Jerker B. Svantesson, expoente das críticas sobre extraterritorialidade no contexto europeu, escreveu, logo antes da promulgação do RGPD, que seu "aspecto mais controverso" seria encontrado "no delineamento de seu âmbito geográfico de aplicação", cuja questão surpreendentemente teria recebido pouca atenção até então (Svantesson, 2015a, p. 230).

estejam estabelecidos. O enfoque dado por cada um deles é diferenciado, merecendo, pois, a análise comparada.

Com base nesse esforço interpretativo, será possível conferir se a escolha normativa, que privilegia o local, é, efetivamente, compatível com as especificidades dos dados, ubíquos e hiperconectados por natureza, bem como com sua posição enquanto direito fundamental.

Igualmente relevante considerar o inevitável contato entre esses diferentes regimes normativos de proteção de dados. Nesse aspecto, deve-se refletir se as hipóteses de aplicação da LGPD, fundadas no *locus*, são compatíveis com sua interrelação com o RGPD, que se dará nas *fronteiras*.

Essa reflexão se fará a partir dos estudos mais recentes sobre a teoria do Direito Internacional Privado, tendo especial enfoque no pluralismo legal e no cosmopolitismo. O que se busca é confirmar se as teorias permitem resolver, ou auxiliar, na resolução dos conflitos normativos que inevitavelmente surgirão no fluxo transnacional de dados pessoais entre Brasil e União Europeia, de maneira compatível com a natureza do dado pessoal[52] e suas características específicas.

Para maior clareza, o capítulo se inicia com uma revisão histórica das regras de aplicação normativa do RGPD e da LGPD. Em seguida, apresenta-se como as regras de incidência normativa da LGPD e do RGPD estão estruturadas, passando, por fim, para a análise individualizada dos elementos de conexão previstos nesses normativos.

3.1. Texto e contexto: regra geral de aplicação normativa da LGPD e do RGPD

A LGPD possui aplicação territorial restrita às hipóteses de seu artigo 3º, assim redigido:

> Art. 3º Esta Lei aplica-se a qualquer operação de tratamento realizada por pessoa natural ou por pessoa jurídica de direito público ou privado, independentemente do meio, do país de sua sede ou do país onde estejam localizados os dados, desde que:

[52] Discute-se a natureza jurídica do dado pessoal, se um bem ou um atributo da personalidade (correspondente a um direito de personalidade). Sobre isso, confira a Tese de Bernardo Menicucci Grossi, que coloca "o direito à proteção de dados pessoais como desdobramento necessário e inafastável da tutela da pessoa (tradicionalmente compreendida e na concepção de corpo eletrônico)...".

> I – a operação de tratamento seja realizada no território nacional;
>
> II – a atividade de tratamento tenha por objetivo a oferta ou o fornecimento de bens ou serviços ou o tratamento de dados de indivíduos localizados no território nacional; ou
>
> III – os dados pessoais objeto do tratamento tenham sido coletados no território nacional.
>
> § 1º Consideram-se coletados no território nacional os dados pessoais cujo titular nele se encontre no momento da coleta.
>
> § 2º Excetua-se do disposto no inciso I deste artigo o tratamento de dados previsto no inciso IV do caput do art. 4º desta Lei.

O RGPD, por sua vez, trata de sua aplicação territorial também em seu artigo 3º, da seguinte forma:

> Artigo 3º
> Âmbito de Aplicação Territorial
>
> 1. O presente regulamento aplica-se ao tratamento de dados pessoais efetuado no contexto das atividades de um estabelecimento de um responsável pelo tratamento ou de um subcontratante situado no território da União, independentemente de o tratamento ocorrer dentro ou fora da União.
>
> 2. O presente regulamento aplica-se ao tratamento de dados pessoais de titulares residentes no território da União, efetuado por um responsável pelo tratamento ou subcontratante não estabelecido na União, quando as atividades de tratamento estejam relacionadas com:
>
> a) A oferta de bens ou serviços a esses titulares de dados na União, independentemente da exigência de os titulares dos dados procederem a um pagamento;
>
> b) O controle do seu comportamento, desde que esse comportamento tenha lugar na União.
>
> 3. O presente regulamento aplica-se ao tratamento de dados pessoais por um responsável pelo tratamento estabelecido não na União, mas num lugar em que se aplique o direito de um Estado-Membro por força do direito internacional público.

Ambos os dispositivos legais configuram típicas normas de Direito Internacional Privado, que definem os critérios de aplicação da lei no espaço. Esses critérios têm importância substantiva, pois tratam do método de escolha da lei aplicável ao fato jurídico dotado de internacionalidade (Basso, 2020, p. 46), e adjetiva (processual), pois estabelecem as regras de adjudicação de conflitos com traços de internacionalidade (Bureau, Dominique; Watt, 2021, p. 8).

Tradicionalmente, o critério basilar da aplicação da lei no espaço diz respeito ao local (espaço) em que o fato jurídico se manifesta, isto é, o território em questão. Todavia, o território é elemento insuficiente para determinar a aplicação normativa da LGPD a situações de fluxo transnacional de dados, sendo necessário considerar outros critérios de aplicação normativa e outras fontes normativas.

Os referidos dispositivos possuem redação semelhante. Estabelecem "proposições prescritivas", cabendo-nos buscar "o seu significado", nas palavras de Norberto Bobbio (2003, p. 54).

Como se verá adiante, com tais prescrições o legislador previu as hipóteses em que os referidos marcos normativos deveriam incidir sobre determinado fato jurídico. No caso aqui discutido, trata-se das hipóteses de aplicação da lei no espaço, que se ancoram em elementos de conexão, adotando a tradicional técnica do direito internacional privado[53].

Embora parecidos em seu conteúdo, os dispositivos antes citados possuem diferenças essenciais, não só em sua aplicação interna, isto é, frente às demais regras do mesmo normativo, mas sobretudo em sua aplicação externa, frente ao ordenamento jurídico no qual se insere. Confira-se como a proteção de dados veio a ser regulada no ambiente europeu.

3.1.1. Da Convenção 108 ao RGPD e sua regra de aplicação territorial

Para bem compreender o RGPD, deve-se ter em mente que ele não é a primeira norma exclusivamente dedicada a regular dados pessoais na União Europeia. É, na realidade, um sucedâneo de outros marcos normativos implementados seja no âmbito da União Europeia, seja no âmbito de seus Estados-Membro.

O primeiro marco normativo a merecer destaque é a Convenção 108, que foi promulgada, em Estrasburgo, pelo Conselho da União Europeia, e está em vigor desde 28 de janeiro de 1981, conforme emendada em 15

[53] Fala-se de elementos de conexão na tradição romano-germânica ou de "points of attachment" nas regras de conflito de leis (conflict of laws) anglo-saxãs (Gottschalk, 2007, p. 217).

de junho de 1999. Seu objetivo foi tratar do processamento automatizado de dados pessoais, em vista do crescente uso de meios computadorizados para tratamento de dados.

Portanto, já no início da década de oitenta do último século, o Conselho Europeu estabeleceu a linha mestra do entendimento da União Europeia a respeito do processamento automatizado dos dados pessoais. O fez reconhecendo que os Estados-Membro já possuíam normas em seus ordenamentos jurídicos que permitiam, em parte, a proteção visada pela Convenção 108 e, de outro lado, que esse quadro normativo doméstico não seria suficiente para assegurar aos titulares dos dados pessoais o exercício de controle sobre seus dados (EUROPA, 1981).

A Convenção 108 foi o primeiro esforço de apresentar um conjunto de normas gerais que vinculassem os Estados-Membro. No que cabe à presente reflexão, a Convenção 108 contém disposição expressa, em seu artigo 14, sobre o "Fluxo Transnacional de Dados Pessoais".

De um lado, a Convenção determina a regra do livre fluxo de dados pessoais, mas estabelece os casos em que esse fluxo poderia ser impedido por um Estado-Membro: essencialmente quando o Estado de destino dos dados não oferecer a segurança adequada aos dados pessoais, ou quando ficar evidente que essa transferência é feita unicamente para evadir das regras impostas pela Convenção 108[54].

Segundo a Nota Explicativa da Convenção em questão, as regras de fluxo transnacional de dados levaram em consideração, de um lado, que "a computação permitiu superar uma série de barreiras da comunicação" e, por consequência, tornou possível "dispersar um sistema de informação ou uma base de dados em vários países" (EUROPA, 1981, p. 3)[55].

De outro lado, a mesma Nota pontua que "a proteção das pessoas se enfraquece quando a área geográfica é ampliada", o que seria revelado pela crescente preocupação com os "países com leis de proteção de dados menos restritivas, ou sem lei de proteção de dados alguma".

Todavia, a Convenção 108 possui aplicação restrita, pois seu objeto se limitou ao tratamento automatizado de dados pessoais. Além disso, os

[54] Há, ainda, uma hipótese de impedimento derivada de outros acordos firmados no âmbito de Organizações Internacionais.

[55] Vê-se, dessa forma, que a Convenção 108 já indica o problema de aplicação normativa e extraterritorialidade objeto da presente pesquisa.

Estados-Membro continuaram a regular, em âmbito nacional, o ambiente de transmissão de dados pessoais. Esses fatores culminaram na necessidade de um marco normativo abrangente em seu conteúdo e aplicável aos Estados-Membro.

Promulga-se, assim, em 24 de outubro de 1995, a Diretiva nº 95/46 relativa à proteção das pessoas singulares no que diz respeito ao tratamento de dados pessoais e à livre circulação desses dados. Fruto do trabalho conjunto do Parlamento Europeu e do Conselho da União Europeia[56], a Diretiva, como indica o seu nome, visou direcionar os órgãos legislativos dos Estados-Membro na elaboração de suas respectivas leis de proteção de dados.

Tratou-se de uma importante ferramenta legislativa, que, em última análise, vinculou os Estados-Membro ao resultado previsto na Diretiva, relegando a seus respectivos órgãos legislativos "a competência quanto à forma e aos meios" de implementar a Diretiva, conforme estabelecido pelo artigo 288 do TFUE.

Nesse sentido, desde a Diretiva 95/46, há uma determinação emanada pelos órgãos institucionais da União Europeia de que os Estados que a ela acederam devem implementar normas protetivas da circulação dos dados pessoais com os limites constantes da referida Diretiva.

A Diretiva 95/46 previu, em seu artigo 4º, a abrangência territorial das legislações que viriam a ser promulgadas pelos Estados-Membro sobre proteção de dados. Essa foi a regra que inspirou o futuro artigo 3º do RGPD, e foi nele replicado, com pequenas alterações:

> Artigo 4º
> Direito nacional aplicável
>
> 1. Cada Estado-membro aplicará as suas disposições nacionais adotadas por força da presente diretiva ao tratamento de dados pessoais quando:
>
> a) O tratamento for efetuado no contexto das atividades de um estabelecimento do responsável pelo tratamento situado no território desse Estado-membro; se o mesmo responsável pelo tratamento estiver estabelecido no território de vários Estados-membros, deverá tomar as medidas necessárias para garantir que cada um desses estabelecimentos cumpra as obrigações estabelecidas no direito nacional que lhe for aplicável;

[56] Os dois órgãos principais de atuação legislativa no âmbito da União Europeia, de conformidade com os artigos 189 e 202 do TCE.

> b) O responsável pelo tratamento não estiver estabelecido no território do Estado-membro, mas num local onde a sua legislação nacional seja aplicável por força do direito internacional público;
>
> c) O responsável pelo tratamento não estiver estabelecido no território da Comunidade e recorrer, para tratamento de dados pessoais, a meios, automatizados ou não, situados no território desse Estado-membro, salvo se esses meios só forem utilizados para trânsito no território da Comunidade.
>
> 2. No caso referido na alínea c) do nº 1, o responsável pelo tratamento deve designar um representante estabelecido no território desse Estado-membro, sem prejuízo das ações que possam vir a ser intentadas contra o próprio responsável pelo tratamento.

Em comum com o RGPD, a Diretiva 95/46 já impunha incidência normativa aos casos em que o tratamento fosse realizado no contexto das atividades de um estabelecimento situado na União Europeia, em seu inciso "a" (correspondente ao primeiro inciso do artigo 3º do RGPD); em que o tratamento recorresse a meios situados no território da União Europeia, conforme seu inciso "c" (correspondente ao segundo inciso do referido artigo terceiro), ou em que o RGPD venha a ser aplicado por força de regras de conflito de leis, em linha com seu inciso "b" (igualmente replicado no terceiro inciso do dito artigo terceiro do RGPD).

A Diretiva 95/46 vigorou por mais de uma década e, nesse período, ensejou uma série de manifestações do TJUE e do GPP que, ao fim e ao cabo, complementam e, verdadeiramente, constituem o sistema europeu de proteção de dados pessoais, materializado, em 2016, no RGPD.

Houve, naturalmente, distinções e evoluções no RGPD, porque este último não tratou de norma meramente instrutiva dos Estados-Membro, mas sim um Regulamento, com a força vinculante que lhe atribui o artigo 288 do Tratado de Funcionamento da União Europeia – TFUE[57]. Sobretudo, o RGPD se descolou da Diretiva 95/46, ao ter adotado o princípio do local do mercado, em substituição ao princípio da territorialidade, segundo o qual "o tratamento de dados tinha de ocorrer no território da [União Europeia]" (Döhmann, 2021, p. 176).

[57] O regulamento tem caráter geral. É obrigatório em todos os seus elementos e diretamente aplicável em todos os Estados-Membros.

Essas distinções serão vistas mais à frente, ao se analisar os diferentes elementos de conexão incluídos no dispositivo normativo em questão.

Ademais, o RGPD já nasceu com uma larga base de decisões judiciais e orientações administrativas sobre a interpretação dos dispositivos da Diretiva 95/46, o que tornou mais palatável sua incorporação aos ordenamentos jurídicos dos Estados-Membro. Todo esse material será de extrema importância nas discussões que se seguirão, buscando verificar aquilo que poderia ser aproveitado no contexto da LGPD, para melhor compreender seu artigo 3º e o problema aqui discutido.

Feito esse breve aparte histórico, torna-se possível examinar como, enfim, o RGPD veio a regular seu âmbito de aplicação.

A norma em questão estabelece três hipóteses de incidência.

A primeira tem por elemento de conexão o local do estabelecimento do responsável pelo tratamento ou de seu subcontratante. Trata-se da *lex societatis*, ou, para Valerio de Oliveira Mazzuoli, a "lei do país em que a pessoa jurídica foi criada" (Mazzuoli, 2018, p. 396).

Para os efeitos comparatistas aqui pretendidos, a expressão "responsável pelo tratamento" pode ser comparada à expressão "controlador" na LGPD. Isso porque ambos são responsáveis por determinar as finalidades e os meios de tratamento de dados pessoais (vide o artigo 4º, "7" do RGPD[58] e o artigo 5º, VI da LGPD[59]).

Já o termo "subcontratante" pode equivaler ao termo "operador", sendo aquele que trate os dados por conta e ordem do responsável pelo tratamento, ou controlador (vide o artigo 4º, "8" do RGPD[60] e o artigo 5º, VII da LGPD[61]).

[58] Responsável pelo tratamento: a pessoa singular ou coletiva, a autoridade pública, a agência ou outro organismo que, individualmente ou em conjunto com outras, determina as finalidades e os meios de tratamento de dados pessoais; sempre que as finalidades e os meios desse tratamento sejam determinados pelo direito da União ou de um Estado-Membro, o responsável pelo tratamento ou os critérios específicos aplicáveis à sua nomeação podem ser previstos pelo direito da União ou de um Estado-Membro.

[59] Controlador: pessoa natural ou jurídica, de direito público ou privado, a quem competem as decisões referentes ao tratamento de dados pessoais.

[60] Subcontratante: uma pessoa singular ou coletiva, a autoridade pública, agência ou outro organismo que trate os dados pessoais por conta do responsável pelo tratamento deste.

[61] operador: pessoa natural ou jurídica, de direito público ou privado, que realiza o tratamento de dados pessoais em nome do controlador.

A segunda hipótese tem por elemento de conexão o local de domicílio do titular. Em uma primeira leitura, pode parecer que a norma busca suporte na mesma *lex domicilii* de que se falou acima, mas agora na perspectiva do titular do dado e não do agente de tratamento.

Não é bem isso. Com efeito, deve-se levar em conta que essa hipótese complementa a primeira. Enquanto, pela primeira, o RGPD incidirá quando o agente de tratamento for estabelecido em território europeu, *independentemente do domicílio do titular*, pela segunda, o RGPD incidirá, mesmo nos casos em que o agente de tratamento não estiver estabelecido em território europeu, *desde que* estejam envolvidos dados de titulares residentes na União Europeia e que o tratamento pretenda ofertar bens ou serviços, na União Europeia, a esses titulares, ou controlar comportamento praticado por esses titulares na União Europeia.

Por conseguinte, não basta que o titular resida na União Europeia para que o RGPD se aplique. Ao contrário, é necessário que a atividade de tratamento surta efeitos em território europeu, seja através da oferta de bens e serviços na União Europeia, seja através de controle de comportamentos praticados na União Europeia.

Com base nisso, não há dúvida que incidirá o RGPD a uma empresa brasileira que colete, no Brasil, dados pessoais de um cidadão domiciliado na Alemanha para fins de ofertar-lhe um cruzeiro no Mar Adriático, partindo da Itália. Nesse caso, o agente de tratamento não é estabelecido na União Europeia, mas o titular o é, assim como os dados foram utilizados para oferecer-lhe um serviço em território europeu.

Todavia, uma pequena mudança nesse cenário pode afastar a incidência da norma em questão. Basta substituir o local do serviço para, por exemplo, a região caribenha. Nesse caso, mesmo sendo domiciliado na Europa, o titular não poderá recorrer ao RGPD com base em seu artigo 3º, pois o bem ou serviço não será ofertado ou prestado na União Europeia.

A hipótese em questão tem como elemento de conexão a causa da relação jurídica estabelecida – aproximando-se, mas não se confundindo, com a *locus regit actum*[62]. Se estiver em causa uma relação jurídica de oferta de bens, serviços ou controle de comportamento em território da União Europeia, incidirá o RGPD, independentemente do estabelecimento do agente de tratamento de dados.

[62] Para Maristela Basso trata-se de um "princípio aplicado à forma externa dos atos jurídicos, que serão regulados pela lei do lugar onde se realizarem" (Basso, 2020, p. 100).

Por fim, a terceira hipótese, de aplicação mais restrita, se volta aos casos em que o agente de tratamento esteja estabelecido ou domiciliado em um local que aplique o direito interno de um Estado-Membro por força do direito internacional público. É o caso, por exemplo, do tratamento de dados realizado no âmbito de uma missão diplomática de plenipotenciários de um Estado-Membro fora desse Estado, ou mesmo nas embaixadas dos Estados-Membro. A regra em questão deriva do artigo 41 da Convenção de Viena sobre Relações Diplomáticas, os diplomatas devem "respeitar as leis do Estado acreditado", enquanto em missão.

3.1.2. Regra geral de aplicação territorial da LGPD

Na LGPD, sua incidência territorial – também chamada de âmbito de aplicação – parte de uma prescrição geral, que encabeça o artigo terceiro (*caput*), seguido de prescrições que limitam essa regra geral, a partir de hipóteses de incidência (incisos), seguido de regras exceptivas ou suplementares (parágrafos).

Nesse sentido, o *caput* do artigo 3º da LGPD sinaliza que, para essa lei, não é relevante o local dos dados pessoais, ou dos respectivos agentes de tratamento, tampouco a forma de tratamento dos dados. Isso fica claro a partir de sua construção aberta. Com efeito, a lei se aplica a "qualquer operação de tratamento", "independentemente do meio" (forma) de tratamento, da "sede" do agente de tratamento, ou "do país onde estejam localizados os dados", ou do domicílio do titular. Quis o legislador que a lei incidisse sem amarras.

A lei também não se importa com a atividade de tratamento para fins de sua incidência normativa, com exceção do critério de coleta, previsto no inciso terceiro do artigo terceiro da LGPD, o qual, como se considera nesse trabalho, é equivocado.

Aplica-se a todas as operações sobre dados pessoais, incluindo a "coleta, produção, recepção, classificação, utilização, acesso, reprodução, transmissão, distribuição, processamento, arquivamento, armazenamento, eliminação, avaliação ou controle da informação, modificação, comunicação, transferência, difusão ou extração", nos termos do artigo 5º, X da LGPD.

Tampouco é relevante o meio em que se dá a atividade de tratamento, se em suporte físico, ou em ambiente virtual; se por intermédio de softwares específicos, ou em aplicativos de telefones celulares. Isso se justifica pelo fato de que a manipulação de dados pessoais está em evolução constante, com novas tecnologias surgindo para aprimorar, modificar ou erradicar determinadas formas ou meios de tratamento.

Nesse sentido, uma prescrição abrangente se mostra adequada para evitar que a lei se torne obsoleta em conjunto com as tecnologias incidentes sobre o ambiente que ela deverá incidir. A lei segue, nesse particular, a estrutura lógico-normativa proposta em outras legislações aplicáveis ao ambiente da tecnologia da informação, a exemplo do Marco Civil da Internet, cujas definições previstas em seu artigo 5º possuem prescrições igualmente abrangentes. Trata-se de uma "lei principiológica" no entender dos especialistas (SILVA; LEMOS, 2016, p. 30).

A incidência da LGPD não sofre influência do local de onde se originam as ordens para tratamento dos dados pessoais, não sendo relevante, em si, a sede do agente de tratamento, ou seu domicílio, quando se tratar de pessoa natural. Diferencia-se, nesse ponto, de maneira bastante clara, do RGPD.

Por fim, sua aplicação não está condicionada ao "país onde estejam localizados os dados". Trata-se, aqui, de prescrição que, de um lado, considera a ubiquidade dos dados pessoais, pois não atribui relevância ao local de seu armazenamento. A escolha normativa busca ampliar a jurisdição dos tribunais brasileiros sobre atividades de tratamento de dados pessoais e tem por fundamento, precisamente, a "pulverização das fronteiras territoriais em razão, principalmente, da internet" (VAINZOF, 2019, p. 51).

Porém, de outro lado, se baseia em um conceito equivocado de que o dado pessoal pudesse, de fato, estar localizado em um único local. O equívoco é justificável. Essa é, afinal, a estrutura tradicional de normas de aplicação territorial, que buscam o *locus* do bem da vida a ser regulado.

Todavia, como já se viu no Capítulo anterior, essa construção não parece a mais adequada, porquanto o dado pessoal possui características específicas que não permitem precisar, com a certeza necessária, sua localização para dar eficácia à prescrição normativa.

Como se verá adiante, o mais importante seria considerar o local onde esteja domiciliado o titular do dado pessoal, ou onde a violação à LGPD tenha lugar ou surta efeitos. Para demonstrar essa afirmativa, faz-se necessário, antes, conhecer os limites e a incidência de cada um dos elementos de conexão previstos nas normas objeto de comparação.

3.2. Critérios de aplicação normativa

Em sua concepção tradicional, o Direito Internacional Privado se refere ao sistema normativo voltado para casos com elementos de direito estrangeiro ou, nas palavras de Antonio Boggiano "a casos jusprivatistas multinacionais", que apresenta os "métodos possíveis de soluções justas para casos vinculados a uma pluralidade de territórios jurídicos" (Boggiano, 2000, p. 19).

Nessa concepção, o Direito Internacional Privado se prestaria a três objetivos fundamentais: resolver situações de conflitos normativos, determinando a *lei aplicável*, designar foro competente para causas com elementos estrangeiros, através das regras de *jurisdição internacional*; e tratar do *estatuto da pessoa* em causas com elementos estrangeiros.

A evolução dogmática desse ramo do direito demonstrou que, além dessa função tríplice, o Direito Internacional Privado constitui disciplina voltada para "a coordenação de sistemas legais, à recepção do estrangeiro ou, de fato, à gestão do pluralismo" (Muir Watt, 2017, p. 125)[63].

Antes de chegar a esse ponto, contudo, é necessário compreender, ainda que brevemente, como se deu essa evolução. Nesse particular, deve-se reconhecer que o Direito Internacional Privado passa por um tensionamento em que, inicialmente, atenuaram-se as regras ancoradas na soberania estatal e na intolerância à lei estrangeira; posteriormente, admitiram regras que reconheciam a multiplicidade normativa e previam a aplicação da lei estrangeira sob determinadas condições; e, enfim, recepcionaram a lei estrangeira (o outro; o diferente) como tal, sem limitações ou condicionantes.

Como pontua Horatia Muir Watt, essa migração pode ser explicada a partir do conceito de hospitalidade de Immanuel Kant, aplicado à situação dos migrantes por Jacques Derridà. Segundo a professora, de um conceito fundado no lex-forismo, que é "tomado como uma preferência sistemática pela lei local [...] que toma a forma de [...] um unilateralismo defensivo ou agressivo, segundo o qual a lei do *forum* incide tão extensivamente a ponto de eliminar qualquer outro, ou tão restritivamente a ponto de servir somente a interesses nacionais" (Muir Watt, 2017, p. 126), passou-se para o multilateralismo.

[63] A autora cita o prefácio de Phocion Francescakis à tradução francesa da obra de Santi Romano, "O Ordenamento Jurídico" publicada em 1975, pela Dalloz.

Sistemas multilaterais, no seu entender, seriam aqueles que permitiam a interação, sob determinadas condições, de ordenamentos jurídicos suficientemente compatíveis. Se, de um lado, isso representava o exercício de tolerância no conflito normativo, de outro lado, essa percepção também representava que sistemas mais exóticos não poderiam ser admitidos. Nesse sentido, em que pese seja o modelo normativo mais codificado no Século XX, o multilateralismo se tornou, em algumas instâncias, uma ferramenta de *controle* da forma como as relações jurídicas (e, em última análise, o outro) deveriam transparecer: uma forma de colonização (Muir Watt, 2017, p. 133)[64].

Do multilateralismo tolerante ou colonizador (a depender da forma em que se apresente) passou-se a uma terceira maneira de enxergar o Direito Internacional Privado: como uma ferramenta de coordenação de sistemas jurídicos e gestão de visões diferentes do direito.

Para esse reconhecimento do outro, o Direito Internacional Privado teve que reposicionar suas premissas fundamentais, dentre as quais o "fenômeno da fronteira" (Boggiano, 2000, p. 15). Afinal, gerir o pluralismo implica necessariamente reconhecer a diferença e, mais do que tolerá-la, admiti-la como tal, em um processo de acomodação, que possa permitir a manifestação do outro, com suas idiossincrasias, e oferecer uma solução que suporte a convivência mútua entre diferentes (Muir Watt, 2017, p. 145).

Um exercício de comparação ancorado na hospitalidade, como o que aqui se labora, envolve, nesse sentido, priorizar a diferença não só enquanto um elemento de comparação, mas como uma maneira de enxergar as relações sociais engendradas pelo Direito. É uma abordagem que afeta a interpretação legal, e, sobretudo, o próprio comparatista, suas práticas, seus modos e seu estilo de pensar (Legrand, 2003, p. 287). Nessa abordagem, à qual Pierre Legrand dá o nome de "análise diferencial das jurisculturas", cabe ao comparatista "elucidar a singularidade jurídica (certamente plural) consagrada localmente, isto é, imersa em uma história, uma economia,

[64] Fala-se, contemporaneamente, de um Direito Internacional Privado de-colonial, com estudos robustos conduzidos pelo Instituto Max Planck para o Direito Internacional Privado e o Direito Comparado. Por todos eles, vale a leitura do estudo introdutório de Lena Salaymeh e Ralf Michaels intitulado "Decolonial Comparative Law: A Conceptual Beginning" (Salaymeh; Michaels, 2022, p. 168).

uma filosofia, uma sociedade de uma dada localidade ..." (Legrand, 2018, p. 841)[65].

Por isso, longe de apagar as diferenças em busca de uma vã uniformização, tampouco de ignorar as inevitáveis situações de conflitos, cabe ao comparatista adotar uma abordagem "cosmopolita e pluralista [que] reconheça que o conflito normativo é inevitável e, então, ao invés de tentar apagar o conflito, busque geri-lo por intermédio de mecanismos procedimentais, instituições e práticas que possam, no mínimo, unir as partes em conflito a um espaço social comum" (Berman, 2012, p. 145).

Hospitalidade e pluralismo são caminhos necessários para compreender e, sobretudo, reconhecer as características únicas dos dados pessoais, que os distinguem dos outros tradicionais objetos de regulação normativa.

São caminhos, igualmente, indispensáveis para notar as diferenças entre os sistemas jurídicos que tratam da proteção de dados pessoais, especificamente, no caso deste estudo, a LGPD e o RGPD. Para, afinal, compreender como a pessoa, enquanto sujeito de direitos e titular de seus dados, tem sua proteção assegurada frente ao uso indiscriminado dos dados pessoais. Sem esse entendimento – dados são diferentes, assim como o é o ambiente no qual circulam –, a gestão de situações de conflitos normativos entre leis de proteção de dados pessoais (igualmente diferentes) torna-se mais dificultosa, podendo levar a situações de artificialidade ou anomia, como se verá mais adiante.

Portanto, para iniciar um capítulo que discutirá uma das chaves-mestras do Direito Internacional Privado, a lei aplicável, nada mais apropriado do que reconhecer que o próprio método de escolha de lei pode partir de mecanismos que reconheçam a (*outra*) lei e o (*diferente*) objeto de regulação.

Fala-se, assim, em pluralismo legal, em cosmopolitismo, e em interoperabilidade, vertentes do estudo do Direito adiante sintetizadas.

Tratar de pluralismo jurídico global é falar de legitimidade normativa. Quem, afinal, produz e pode produzir normas com efeitos legais? Para os pluralistas originários, a produção normativa não deveria ser reservada ao estado-nação, havendo de se considerar legítimas as formas normativas produzidas por entes não-estatais[66]. Inicialmente, discutia-se o

[65] Há, para o professor francês, uma "ética da comparação" baseada no reconhecimento e no respeito, que pode ser comparada à hospitalidade de que se fala aqui (2018, p. 72).

[66] Daí a origem do ramo de estudo do Direito intitulado "direito não-estatal". A esse respeito, confira o trabalho de Ralf Michaels, "What is Non-State Law: A Primer", que conclui "o que é

poder normativo dos povos indígenas ou originários. Atualmente, discute-se a chamada autorregulação, em especial a produção normativa dos atores corporativos, e sua responsabilidade transnacional, incluindo no ambiente da tecnologia da informação, onde se insere a presente obra (SHAFFER, 2016, p. 16).

Cosmopolitismo, por sua vez, se volta a um aspecto específico dessa multiplicidade normativa: sua coexistência[67]. Um sistema ou método interpretativo cosmopolita reconhece que as afiliações dos sujeitos de direitos às comunidades de interesse não se limitam a aspectos meramente espaciais ou territoriais. Ao contrário, ser cosmopolita está em aceitar que "nós estamos conectados aos mais variados locais", e que, a partir dessa conexão, desenvolve-se uma cultura jurídica híbrida, em que o sujeito, ao tempo em que reconhece e difunde os valores e princípios das comunidades a que se afiliou, igualmente reconhece que esses valores e princípios não são partilhados com todos e se movem de um lugar para outro (BERMAN, 2005, p. 1858).

Para Gregory Shaffer, o cosmopolitismo permite que "a teoria do Direito Internacional Privado migre de uma lógica territorial de estados-nação para uma lógica funcional de diferentes regimes jurídicos na sociedade mundial e transnacional" (SHAFFER, 2016, p. 16).

Interoperabilidade, de seu turno, representa a propriedade de um determinado sistema jurídico de "promover a compatibilidade de normas referentes ao mesmo objeto em diferentes jurisdições ou diferentes níveis administrativos estatais ... facilitando a transmissão de informações em diferentes sistemas jurídicos" (BELLI; DONEDA, 2022, p. 4). Interoperabilidade legal implica promover a cooperação entre diferentes sistemas jurídicos e, assim, desenvolver ferramentas normativas para combater a fragmentação desses diferentes sistemas, para permitir que conversem entre si (WEBER, 2014, p. 6).

essencial é que o Estado se vê como um dos diversos sistemas jurídicos no mundo e desenha suas relações com esses sistemas de modo a otimizá-las, assim como esses outros sistemas devem também desenhar suas relações recíprocas" (MICHAELS, 2015, p. 40).

[67] Cosmopolitismo é uma vertente científica que ultrapassa a ciência do Direito. Trata, na realidade, dos fenômenos sociais, culturais e políticos. Possuem acepções distintas a depender do ramo da ciência aplicável, desde um conceito moral, cultural, liberal, individualista ou institucional. Para uma análise completa da temática, sugere-se a obra de Kok Chor-Tan, intitulada "Justiça Sem Fronteiras" (2004, p. 10).

Pode parecer que a mais equipada das três vertentes para tratar do fenômeno da tecnologia seria a última. Com efeito, a interoperabilidade legal tem por nascedouro a interoperabilidade técnica, ou tecnológica. Ela surge, pois, para dar amparo normativo àquilo que, tecnicamente, representava o anseio dos grupos envolvidos na produção, desenvolvimento e aplicação das tecnologias. Ao fim e ao cabo, a própria Internet foi desenvolvida a partir de uma arquitetura interoperável, como pontua Luca Belli e Nathalia Foditsch (2016, p. 281).

Essa última vertente, de fato, possui ferramentas relevantes para o exercício comparatista que aqui se pretende. Todavia, em certa medida, tornar interoperável pode significar compatibilizar a diferença, reduzindo-a, ao invés de reconhecê-la como tal. Com essa consequência não coadunam o pluralismo jurídico, tampouco o cosmopolitismo.

Portanto, é necessário que essas ferramentas de desfragmentação típicas de sistemas jurídicos interoperáveis não sirvam para aparar as peculiaridades de cada sistema – incluindo as caraterísticas centrais (e diferenciadoras) do dado pessoal, enquanto objeto de regulação. Caso contrário, esse conjunto de ferramentas tornar-se-ia de pouca valia para compreender e regular os dados pessoais, em especial nas situações de conflito normativo aqui discutidas.

Trata-se de fato que releva ser considerado e alertado desde logo: a presente obra reconhece que a LGPD e o RGPD propugnam interoperabilidade em certos aspectos, em especial na redação bastante próxima entre os dois normativos. Reconhece, todavia, que há pontos de dissenso entre elas e, nesse sentido, não procurará harmonizá-los, mas sim reconhecê-los como tal e verificar se, nas situações em que a determinação de lei aplicável se mostrar indefinida, essas três vertentes do estudo do direito comparado podem ser úteis a propor uma solução que reconheça as peculiaridades do dado pessoal, como antes mencionado.

Pretende-se, assim, confirmar se a evolução doutrinária sobre a matéria permite resolver as situações de indefinição decorrentes das normas atinentes à aplicação normativa da LGPD e do RGPD.

Feito esse aparte dogmático, que será recuperado mais à frente, cabe, agora, aprofundar nas regras de aplicação territorial das normas sob comparação: LGPD e RGPD.

O sobrevoo panorâmico sobre os dois normativos comparados nesse estudo demonstra que ambas as leis se ancoram, em um primeiro nível, nas regras clássicas de conflito de leis do Direito Internacional Privado. Elas procuram o grau de conexão das partes envolvidas ou do fato jurídico subjacente com o território brasileiro, no caso da LGPD, ou com o território europeu, no caso do RGPD. Essa busca se faz a partir de diferentes elementos: o domicílio do titular, o estabelecimento do agente de tratamento, o local de prestação de serviços ou a oferta de bens e o estatuto da pessoa (para aplicação de normas de relações diplomáticas e consulares). Não preocupa saber onde está o dado em questão, mas por quem e onde ele foi tratado (aí incluindo sua captura).

Do que se viu no capítulo precedente, essa estrutura normativa pode, em tese, se conciliar com a ubiquidade inerente aos dados pessoais. Afinal, não importa onde eles estão para configurar a incidência normativa.

Contudo, uma análise mais profunda revela a possibilidade de anomia sobre determinada situação jurídica ou, de outro lado, da incidência de múltiplas leis sobre a mesma situação jurídica. Nos dois casos, o que se verifica é um resultado normativo artificial: aplicar a lei de um território que, substancialmente, não possua conexão com a atividade de tratamento e, sobretudo, com o titular dos dados pessoais envolvidos.

No tocante à LGPD, nota-se que suas hipóteses, em determinados casos, são redundantes, tornando sem efeito, ou ao menos desnecessária, parte de suas previsões. Ademais disso, há casos em que a incidência das hipóteses culmina em resultados em que a conexão com o Brasil é inexistente ou de mínima relevância.

Essas duas possibilidades não foram ignoradas pelos legisladores, como se verá nas próximas linhas, quando cada elemento de conexão será analisado. Faz-se necessário, entretanto, conhecê-las e determinar o caminho, ou os caminhos, mais apropriados para lidar com elas.

3.2.1. Local de tratamento do dado

Tratamento é toda atividade, comissiva ou omissiva, aplicada a dados pessoais. Abrange desde o mero armazenamento até sua deleção. É uma definição ampla, quase principiológica, que está refletida tanto na LGPD[68], quanto no RGPD[69].

[68] LGPD, artigo 5º, X – tratamento: toda operação realizada com dados pessoais, como as que se referem a coleta, produção, recepção, classificação, utilização, acesso, reprodução, transmissão, distribuição, processamento, arquivamento, armazenamento, eliminação, avaliação ou controle da informação, modificação, comunicação, transferência, difusão ou extração.

[69] RGPD, artigo 5º, "2" – tratamento: uma operação ou um conjunto de operações efetuadas sobre dados pessoais ou sobre conjuntos de dados pessoais, por meios automatizados ou não

Para a LGPD, o tratamento realizado por um agente situado no Brasil enseja sua incidência normativa, por força do inciso primeiro do artigo terceiro.

O RGPD não segue a mesma linha. Ao contrário, os dois primeiros incisos de seu artigo terceiro preceituam que, independentemente de onde for realizada a atividade de tratamento, incidirá o normativo quando o tratamento se der "no contexto das atividades" de um estabelecimento situado na União Europeia ou, ainda, mesmo se não for realizado nesse contexto, se o tratamento tiver por objetivo oferecer bens ou serviços ou controlar comportamento de titulares na União Europeia.

No tocante à LGPD, a indicação é, até mesmo, redundante, a demonstrar certa atecnia legislativa. Com efeito, não parece se justificar que a LGPD prescreva sua aplicação quando for no Brasil o local do tratamento do dado, conforme o inciso primeiro do artigo terceiro, ao mesmo tempo em que preveja, no inciso terceiro do mesmo dispositivo legal, que se aplicará quando o dado for capturado no Brasil. Ora, sendo captura uma espécie de tratamento, há óbvia redundância, cujo efeito é prejudicar a interpretação do artigo em questão. Recorrendo a Bobbio, tem-se a situação em que dois incisos, com *enunciados* diferentes, possuem a mesma *proposição normativa* (Bobbio, 2003, p. 54)[70].

A par desta redundância, a prescrição em questão atrai para a jurisdição brasileira atividades de tratamento que digam respeito a relações operacionalizadas fora do Brasil, por agentes de tratamento sediados ou domiciliados no estrangeiro, envolvendo titulares de dados igualmente estrangeiros.

Passando para o RGPD, sua estrutura normativa se diferencia da LGPD com relação ao local de tratamento do dado. Com efeito, para incidir sobre determinada situação jurídica, não basta que o tratamento seja realizado no território europeu, como bastaria para a LGPD, fosse o território brasileiro. Para o RGPD é necessário que a atividade de tratamento de dados seja realizada "no contexto das atividades de um estabelecimento de um responsável pelo tratamento ou de um subcontratante situado no território da União". O elo de conexão, no âmbito europeu, não está no exercício do tratamento em si, mas em seu "contexto". Para prosseguir o esforço

automatizados, tais como a recolha, o registo, a organização, a estruturação, a conservação, a adaptação ou alteração, a recuperação, a consulta, a utilização, a divulgação por transmissão, difusão ou qualquer outra forma de disponibilização, a comparação ou interconexão, a limitação, o apagamento ou a destruição.

[70] Segundo o célebre jurista italiano "uma mesma proposição normativa pode ser formulada com enunciados diversos".

comparatista, deve-se entender os limites da expressão "contexto das atividades" prevista no RGPD.

Preliminarmente, deve-se ter em mente que a aplicação do RGPD parte da identificação dos tipos de contato com a União Europeia que determinado fato possua, sendo que esses contatos podem, ou não, ser relacionados ao território, em si, da União Europeia (HIJMANS, 2020, p. 76).

Nesse quadro, a primeira hipótese de incidência territorial do RGPD traz exemplos que, por vezes, podem não envolver o território da União Europeia. Segundo ela, incidirá o RGPD se o tratamento for realizado "no contexto das atividades" de um controlador ou operador "situado no território da União".

O TJUE teve oportunidade de examinar a questão em diversos casos, levando sempre em conta a efetiva conexão da atividade de tratamento com algum Estado membro da União Europeia. A partir dos exemplos antes explicitados, é possível notar que o TJUE propõe uma interpretação flexível à questão (HIJMANS, 2020, p. 80).

Com efeito, no supracitado Processo nº C-131/12, as leis europeias de proteção de dados incidiram, a despeito de a atividade de tratamento ter sido comandada desde um estabelecimento situado fora da União Europeia. Isso porque diversos elos de conexão foram constatados entre a atividade de tratamento e a União Europeia, servindo de prova de que tal tratamento se deu "no contexto" das atividades praticadas por um agente de tratamento de dados pessoais estabelecido na União Europeia.

Dentre esses elos, constatou-se que o controlador da atividade de tratamento (Google Inc.) permitia que os dados pessoais fossem acessados e exibidos a partir de sítio eletrônico hospedado em domínio espanhol. Além disso, demonstrou-se que a partir desse sítio eletrônico eram comandadas atividades de publicidade cujo gatilho era, precisamente, o nome do reclamante. É dizer, feita uma pesquisa do nome do reclamante desde um sítio eletrônico hospedado em domínio espanhol, eram ativados algoritmos de ações publicitárias, os quais, por sua vez, beneficiavam tanto o controlador, quanto sua sucursal.

A função do "domínio"[71] enquanto elo caracterizador de aplicação normativa também está evidenciada no Processo nº C-507/17 – o primeiro,

[71] Nomes de domínio nada mais são do que "endereços" que permitem acessar sítios eletrônicos. Sem uma coordenação global desses nomes corre-se o risco de registrar-se múltiplos

como se viu, a abordar a questão desde a perspectiva do artigo terceiro do RGPD.

Nesse caso, o TJUE reconheceu que decisões prolatadas por agências de proteção de dados pessoais europeias não devem surtir, em regra, efeitos extraterritoriais. Nesse sentido, embora tenha determinado a supressão de referências autorizada pela CNIL nos domínios relativos a Estados-Membro, o TJUE reconheceu a natureza "ubiquitária" da Internet, e constatou que essa supressão de referências não poderia ter alcance universal. O raciocínio utilizado é relevante para o que aqui se discute, merecendo ser transcrito:

> Num mundo globalizado, o acesso dos internautas, designadamente dos que se encontram fora da União, às referências a dados pessoais de uma hiperligação que remetem para informações sobre uma pessoa cujo centro de interesses se situa na União é, assim, suscetível de produzir sobre esta efeitos imediatos e substanciais dentro da própria União. Semelhantes considerações são suscetíveis de justificar a existência de uma competência do legislador da União para prever a obrigação de o explorador de um motor de busca proceder, quando aceita dar cumprimento a um pedido de supressão de referências apresentado por essa pessoa, a uma supressão de referências de todas as versões do seu motor. Contudo, *há que sublinhar que em numerosos Estados terceiros o direito à supressão de referências não existe ou é objeto de uma abordagem diferente.* Por outro lado, *o direito à proteção dos dados pessoais não é um direito absoluto,* devendo ser considerado em relação à sua função na sociedade e ser equilibrado com outros direitos fundamentais, em conformidade com o princípio da proporcionalidade [...]. Acresce que o fato de o equilíbrio entre o direito ao respeito pela vida privada e à proteção dos dados pessoais, por um lado, e a liberdade de informação dos internautas, por outro, *pode variar de forma considerável no mundo.* Ora, embora o legislador da União tenha, no artigo 17. nº 3, alínea a), do Regulamento 2016/679, procedido a uma ponderação entre este direito e esta liberdade no que respeita à União [...], há que constatar que, em contrapartida, *não procedeu, na fase atual das coisas, a semelhante ponderação no que respeita ao âmbito de uma supressão de referências fora da União* (Google, Inc v. CNIL, 2019, parag. 58–61).

domínios a um mesmo endereço, causando inconsistências. Uma organização transnacional se incumbiu de controlar o registro desses nomes de domínio, especificamente os nomes de "nível superior", isto é ".org; .com; .gov; .eu; .br. dentre outros. Trata-se da ICANN, ou *Internet Corporation for Assigned Names and Numbers.*

Em resumo, a despeito de envolver tratamento executado no contexto das atividades de um estabelecimento constituído sob as leis europeias, especificamente da França, ainda assim o direito à supressão de referências não é espacialmente absoluto, sendo possível impor-lhe no território da União Europeia, diante da ponderação procedida no RGPD entre o direito à proteção de dados e a liberdade de informação, mas não fora da União Europeia, em que essa ponderação pode "variar de forma considerável".

Concluindo, no RGPD o local de tratamento do dado pessoal é menos relevante do que o contexto no qual essa atividade é executada. Essa avaliação contextual não deve ser restritiva (como pontua o TJUE nos casos *Weltimmo* e *Facebook Ireland*), mas, por outro lado, não deve intervir no direito de outros Estados, em especial na ponderação que esses outros Estados tenham procedido com respeito ao direito à proteção de dados e à liberdade de informação. Território, nesse contexto, serviu como elemento de promoção de determinados interesses soberanos, incluindo, sobretudo, ao interesse soberano de outros Estados, numa conduta que contém traços significativos de uma visão pluralista e cosmopolita.

3.2.2. Local de captura do dado

O local onde o dado é coletado atrai a incidência da norma brasileira, conforme o terceiro inciso do artigo terceiro da LGPD. Não há disposição correlata no RGPD.

Já se falou acima da atecnia legislativa relativa à LGPD. Com efeito, coletar é uma das modalidades de tratamento de dados, sendo despiciendo que dois incisos tratem do mesmo fato jurídico.

O inciso é abrangente: para sua incidência não se mostra relevante quem executou a coleta, tampouco quem é o titular do dado em questão. De igual modo irrelevante é a motivação da coleta, se para oferta de bens e serviços no Brasil, se para tratamento de dados de indivíduos localizados no Brasil. O gatilho para incidência normativa, o elemento de conexão, é a coleta, e ponto.

Além disso, o parágrafo primeiro do mesmo artigo terceiro da LGPD adiciona um novo grau de amplitude à norma, ao postular que, se o titular estiver no Brasil no momento da coleta, ela será considerada como executada em território brasileiro, fazendo incidir a norma.

Essa regra não foi incorporada ao RGPD que, ao revés, não atribui ao local de coleta relevância normativa, mas sim ao agente de tratamento de dados, seu contexto de atividades, e suas finalidades ao tratar o dado em questão.

Tratou-se de evolução normativa a partir da Diretiva 95/46, pois essa última reconhecia que a lei deveria se aplicar quando a coleta se desse em território europeu. Para o RGPD, contudo, o mais relevante é o contexto de atividades do agente de tratamentos e sua finalidade, a partir da incidência de dois princípios: o princípio do estabelecimento e o princípio do local do mercado.

Como pontua Indra Spiecker Gen. Döhmann, o princípio do local do mercado substituiu o princípio da territorialidade, vigente na Diretiva 95/46, para agora determinar a aplicação do RGPD quando "um agente de tratamento de dados oferece bens ou serviços na [União Europeia], ou então realiza uma análise de comportamento voltada para pessoas na [União Europeia]" (2021, p. 176).

Ainda incipiente, a opinião doutrinária a respeito da LGPD corrobora o entendimento de que o local de coleta é um elemento de conexão impróprio e recomenda sua supressão integral. Para Rony Vainzof, excluído esse elemento de conexão,

> a aplicação extraterritorial se daria não meramente quando da coleta de qualquer dado pessoal em território nacional, mas, sim, quando, comprovadamente, de acordo com os testes elencados antes, o agente de tratamento estrangeiro tenha como objetivo a oferta ou o fornecimento de bens ou serviços ou o tratamento de dados de indivíduos localizados no território nacional (2019, p. 60).

O referido autor ainda pontua que a questão não é meramente hermenêutica, mas também pragmática, com potencial de afetar negativamente a economia brasileira. De fato, além de facilitar a compreensão do cidadão a respeito da aplicabilidade da LGPD, a supressão do inciso também reduziria o risco de desincentivo a que empresas e investidores estrangeiros estruturassem operações de oferta de bens e serviços, especialmente via aplicativos, no Brasil. Isso porque, "[i]nvariavelmente, tanto as aplicações mais básicas quanto às mais modernas e avançadas, tratam (ou seja, coletam) algum tipo de dado pessoal". Nesse sentido, "[c]aso todas essas novas empresas tomem conhecimento que um mero acesso oriundo do Brasil pode implicar o dever de cumprimento e respectivas sanções da LGPD, certamente bloqueariam o acesso visando mitigar esse risco" (Vainzof, 2019, p. 61).

Recuperando a perspectiva econômica que se falou acima, é inegável que empresas mais robustas teriam mais facilidade de se adequar à LGPD e de se submeter à sua *longa manus*. Entretanto, não há dúvida que um maior custo regulatório reduz a viabilidade de negócios e produtos que, embora vantajosos para a sociedade e o mercado brasileiros, podem acabar tendo seu acesso dificultado em território nacional. Nesse sentido, esse dispositivo da LGPD pode acabar se tornando uma nova "tomada de três pinos": criada para proteger o cidadão, essa ferramenta acabou por reduzir a participação estrangeira nesse mercado, já que não há incentivo de produção em escala, e isolar o Brasil, em uma política que não tem nada de cosmopolita ou plural.

É possível ilustrar a questão aqui colocada a partir de um exemplo fictício: um operador domiciliado ou sediado *no Brasil* exerce, *no Brasil,* atividade de tratamento de dados pessoais de *cidadãos europeus*, a partir de software *americano* cujos dados são armazenados em servidores *na Europa*, a mando (sob controle) de *empresa estabelecida no Japão*, com filial na *França*, para ser utilizado em um aplicativo acessível somente *na Europa,* cujos proveitos econômicos auferidos a partir da aquisição da versão paga do aplicativo beneficiarão matriz japonesa e a filial francesa.

A incidência da lei brasileira ocorreria por força da atividade de tratamento, eis que realizada no Brasil, ainda que seus efeitos, os dados tratados, os respectivos titulares, o controlador e, até mesmo, os beneficiários do aplicativo nada tivessem de relação com o território brasileiro.

Suponha, então, que esse operador não esteja mais domiciliado ou sediado no Brasil, mas apenas que a coleta dos dados do titular, cidadão europeu, tenha sido feita enquanto ele passava uma tarde em Belo Horizonte, enquanto aguardava o momento de embarcar para Buenos Aires, no final da noite, onde passaria férias com sua família.

Pela acepção do inciso terceiro, a LGPD haveria de se aplicar. Afinal, o dado foi coletado quando o titular estava em território nacional. Esse mesmo resultado seria alcançado pelo inciso primeiro da LGPD; coleta é, afinal, forma de tratamento de dados pessoais. Pergunta-se, então: seria mesmo o caso de incidir a lei brasileira?

De um lado, o único elo de conexão com o Brasil que remanesce no exemplo é, precisamente, a coleta. O operador não mais está estabelecido em território brasileiro, o processamento dos dados, a exceção da coleta, também não seria realizado em território brasileiro, o titular não é brasileiro, nem tivera intenção de permanecer no Brasil, ainda que em férias, e os serviços oriundos da atividade tampouco seriam ofertados no Brasil.

Nesse aspecto, a incidência normativa não protege interesses de pessoa domiciliada no Brasil, tampouco atividades de tratamento que, para além da captura, sejam realmente realizadas no Brasil e possam, de qualquer forma, surtir efeitos relevantes em território brasileiro.

Essa incidência normativa pode prejudicar interesses brasileiros, sejam eles econômicos, por conta do desincentivo ao investimento estrangeiro, políticos, em razão da redução da receptividade à oferta de bens e serviços estrangeiros, ou sociais, ao dificultar o acesso às pessoas domiciliadas ou estabelecidas no Brasil a bens e serviços estrangeiros.

De outro lado, é possível que o ato da coleta, em si mesmo, tenha infringido a LGPD, por quaisquer razões, desde pela ausência de base legal para o tratamento, até a inexistência de mecanismos de segurança da informação. Nesse contexto, haveria infração concretizada em território brasileiro, o que deveria conduzir à incidência da LGPD.

Ao incidir sobre o fato jurídico em questão, a norma não buscaria amparo na atividade de tratamento, no domicílio do titular, ou do estabelecimento do agente de tratamento. Por conseguinte, como se verá no próximo Capítulo, se a operação em questão não implicar prejuízo ao titular dos dados, a lei brasileira perderia relevância no contexto da atividade de tratamento.

Como exemplo desse cenário, cabe remontar aos contratos de compartilhamento de dados entre co-controladores ou entre controladores e operadores com o objetivo de aprimorar tecnologias, ou colocá-las em atividade. Na perspectiva de relações *business-to-business* (B2B), o paradigma é a livre circulação dos dados, desde que não pessoais, como forma de gerar valor agregado e benefícios de economias de escala para as empresas envolvidas (Richter; Slowinski, 2019, p. 13). Em relações como essas, os contratos exercem importante função reguladora, inclusive na perspectiva da escolha de lei aplicável e do meio de resolução de conflitos.

A partir das lentes do pluralismo jurídico e do cosmopolitismo, é possível reconhecer a soberania estatal como um dos elementos a ser considerado. Não isoladamente, a soberania atua em conjunto com a mobilidade econômico-social e, particularmente, com a ubiquidade inerente aos dados pessoais. Ao assim fazer, torna a *coleta* do dado um elemento de menor relevância, quase acidental e que somente deve ter por efeito determinar a incidência de uma norma quando, em conjunto com outros elementos, demonstre a efetiva conexão do tratamento com o território nacional em questão, em especial nos casos em que houver infração normativa a direitos de titulares, independentemente de dano experimentado no território correspondente.

Na perspectiva do RGPD, Christopher Kuner deixa clara a necessidade de estabelecer limites à extraterritorialidade normativa em matéria de proteção de dados[72]. Para o autor, três são os fatores a ser considerados ao delimitar essas fronteiras teóricas: proteger titulares domiciliados no estado cujos dados são objeto de tratamento em território estrangeiro, reduzir o risco de conflitos normativos entre leis de proteção de dados e incorporar, aos ordenamentos jurídicos domésticos, os valores inerentes de um ambiente de comunicação global, por meio da Internet (Kuner, 2015, p. 241).

No mesmo sentido, mas na perspectiva de política diplomática, a manutenção de um critério que artificialmente leve à extraterritorialidade pode ocasionar efeitos retaliatórios, em especial normativos, através das chamadas "regras de bloqueio", com intuito de impedir o reconhecimento de sentenças estrangeiras prolatadas a partir da avocação de jurisdição extraterritorial – conhecidas como *blocking legislation* – ou, até mesmo, com objetivo de permitir que o ente prejudicado pela referida sentença possa, de alguma forma, recuperar seu prejuízo de sucursais do credor estabelecidas no Estado em questão – conhecidas como *claw-back* legislation (Svantesson, 2014, p. 95–96).

Volte-se, então, ao local da coleta dos dados, enquanto elemento de incidência normativa da LGPD. Como se viu a partir do exemplo supracitado, ele pode não proteger titulares domiciliados no Brasil quanto ao tratamento realizado no exterior. Além disso, ele pode aumentar riscos de conflitos normativos, sendo digno de nota que, no exemplo em questão, haveria, inevitavelmente, incidência cumulativa da LGPD e do RGPD sobre o mesmo tratamento de dados. Por fim, ele, definitivamente, não

[72] O autor, que é um dos especialistas em RGPD, faz uso de um interessante trocadilho, no sentido de ser necessário estabelecer fronteiras (boundaries) teóricas para a ausência de fronteiras derivada dos efeitos normativos extraterritoriais.

traduz valores de uma sociedade global e plural, desconsiderando a ubiquidade dos dados e, em especial, a hiperconexão atinente ao ambiente no qual esses dados trafegam.

Como, então, resolver essa questão?

O ponto de partida é a revogação do inciso terceiro do artigo terceiro da LGPD. Não sendo isso possível, cabe pensar em salvaguardas para os efeitos negativos causados pela aplicação indiscriminada dessa hipótese de incidência da LGPD.

Na perspectiva do Direito Internacional Privado, isso passa por reconhecer a coexistência entre sistemas de proteção de dados e desenvolver regramentos complementares que esclareçam ou delimitem a problemática aqui vivenciada. As hipóteses de transferência internacional de dados pessoais previstas no artigo 33 da LGPD, podem servir de ponto de partida.

Fundamentalmente, caberá à ANPD, ouvido o CNPDP, desenvolver regulamentação específica, manuais, ou notas de esclarecimento, que, de um lado, proporcionem a titulares e agentes de tratamento maior clareza sobre a incidência normativa da lei e, de outro lado, sirvam de subsídio teórico para a tomada de decisões fundamentadas no âmbito jurisdicional brasileiro.

Tendo já aprovado as regras que disciplinam o processo de regulamentação da LGPD, conforme a Portaria nº 16 de 8 de julho de 2021 (BRASIL, 2021), caberá à ANPD efetivamente regulamentar a questão, tal como fez com relação à aplicação da LGPD a empresas de pequeno porte e ao Regulamento do Processo de Fiscalização e do Processo Administrativo Saneador, por meio de suas Resoluções nº 1 e nº 2, de 28 de outubro de 2021 e de 27 de janeiro de 2022, respectivamente.

Ademais disso, os órgãos de proteção aos consumidores, o próprio Ministério Público e a ANPD, cada qual em suas esferas de competências e responsabilidades, deverão considerar se eventual investigação ou inquérito administrativo, de fato, resvala em atividade de tratamento que, concretamente, tenha implicado infração normativa à LGPD, ou ainda, surta efeitos prejudiciais a pessoa domiciliada ou estabelecida no Brasil.

Por fim, os órgãos judicantes devem ter em conta o "risco de conflitos normativos" e os valores da sociedade global de informação, bem ressalvados por Christopher Kuner ao, eles próprios, interpretarem as normas à luz da Constituição Federal e dos efeitos de sua jurisdição no ambiente internacional (KUNER, 2015, p. 214).

3.2.3. Local do titular

Os normativos de proteção de dados brasileiro e europeu têm como alicerce a proteção da pessoa e de seus direitos da personalidade, especialmente sob o viés do direito à privacidade e de proteção de dados pessoais. Para tais normas, a privacidade atua como "uma forma de tutela da pessoa, antes que um valor em si" (Doneda, 2020, p. 96)[73].

Essa aproximação da tutela dos dados pessoais com a tutela dos direitos da personalidade fez com que a primeira alçasse, no direito brasileiro, o patamar de direito fundamental constitucionalmente positivado. Com efeito, a Constituição Federal foi emendada para considerar como um "direito e garantia fundamental", na acepção de seu artigo 5º, "o direito à proteção dos dados pessoais, inclusive nos meios digitais".

A LGPD seguiu essa mesma linha ao estabelecer, dentre os fundamentos essenciais da disciplina de proteção de dados brasileira, o respeito à privacidade, autodeterminação informativa, liberdade de expressão, informação, comunicação, opinião, intimidade, honra, imagem, bem como os direitos humanos (livre desenvolvimento da personalidade, dignidade e exercício da cidadania).

A aglutinação da proteção de dados com princípios tão caros ao direito brasileiro é reflexo da inspiração europeia que lhe serviu de base. Como explica Danilo Doneda, o Brasil seguiu o modelo europeu, em detrimento do norte-americano, no tocante ao regime de regulação dos dados pessoais. Ao assim fazer, adotou uma estrutura que aproxima privacidade à proteção de dados pessoais, de sorte que ter privacidade passou a significar ter controle sobre seus dados pessoais e sobre "a construção de sua própria esfera privada" (Doneda, 2020, p. 96).

No âmbito europeu, o direito à proteção de dados já consistia em direito fundamental, desde 2000, quando foi assinada, em Nice, a Carta dos Direitos Fundamentais da União Europeia. Seu artigo oitavo assim determina:

> 1. Todas as pessoas têm direito à proteção dos dados de caráter pessoal que lhes digam respeito.
>
> 2. Esses dados devem ser objeto de um tratamento leal, para fins específicos e com o consentimento da pessoa interessada ou com outro fundamento

[73] Para uma obra de fôlego que trate da aproximação entre privacidade e proteção de dados, confira o trabalho de Danilo Doneda em "Da privacidade à Proteção de Dados Pessoais" (Doneda, 2020).

legítimo previsto por lei. Todas as pessoas têm o direito de aceder aos dados coligidos que lhes digam respeito e de obter a respectiva retificação.

3. O cumprimento destas regras fica sujeito a fiscalização por parte de uma autoridade independente.

Com apoio nas lições de Stefano Rodotà, a doutrina brasileira considera que esse dispositivo confere "'um tipo de proteção dinâmica, que segue o dado em todos os seus movimentos', através do controle das informações pessoais", defendendo a doutrina, até mesmo, a proteção de dados pessoais como uma nova espécie (ou uma forma de manifestação) de direitos da personalidade, assegurando à pessoa a dignidade, a paridade, a não discriminação e a liberdade..." (Vainzof, 2021).

Diante de tamanha relevância à personalidade da pessoa natural, seria de se imaginar que os normativos específicos de proteção de dados pessoais incidissem, inexoravelmente, quando se tratasse de pessoa domiciliada em território nacional, ou detentora de nacionalidade do referido Estado.

Nos dois casos haveria demonstração de um elo juridicamente robusto entre o titular e o Estado em questão. No primeiro, por se tratar do centro de interesses, passível de ser escolhido pelo titular, representando um critério adequado para reger os direitos de personalidade e o estatuto pessoal do titular. No segundo, por se tratar de uma atribuição jurídica outorgada pelo Estado em questão ao titular, e igualmente relevante para os fins de direitos de personalidade[74].

Não foi isso, contudo, o que se normatizou.

[74] Houve, de fato, intenso debate sobre nacionalidade e domicílio como critérios de conexão, desde Mancini e Savigny no Século XIX, até Teixeira de Freitas e, posteriormente, Haroldo Valladão, no Brasil. Nesse sentido, cabe destacar que nenhum desses critérios tradicionais serviu de base para a determinação de aplicação da LGPD. Sobre o tema, confira o trabalho de Aline Beltrame de Moura em que a professora faz uma recuperação histórica das teses de Pasquale Stanislao Mancini e sua incorporação e, posterior, exclusão do sistema jurídico brasileiro, em "O Critério de Conexão da Nacionalidade na Doutrina e na Legislação de Direito Internacional Privado Brasileiro (1863-1973)". Em especial, a autora pontua que, ao menos desde a reforma de 1942 do direito internacional privado brasileiro, que introduziu a *lex domicilii* como elemento de conexão, "a doutrina brasileira endurece ainda mais seus questionamentos acerca do caráter não universal do princípio da nacionalidade e da ausência de tecnicidade da teoria proposta por Mancini" (De Moura, 2018, p. 215). Igualmente relevante a explicação histórica de Nadia de Araujo sobre o método do Direito Internacional Privado (Araujo, 2011, p. 40).

Na LGPD, por exemplo, o domicílio do titular aparenta ter menor importância, sendo mais relevante para a aplicação normativa da lei o local onde a pessoa estiver, independentemente de seu domicílio ou de sua nacionalidade[75]. É como dispõe a parte final do segundo inciso do artigo terceiro da LGPD, ao estabelecer como hipótese de incidência que o tratamento se volte a "dados de indivíduos localizados no território nacional".

Tem-se, aqui, mais uma redação circular na norma em apreço, a indicar a mesma proposição normativa a partir de diferentes enunciados (retornando a Bobbio).

Ora, o parágrafo primeiro do artigo em questão dispõe que será considerado coletado no Brasil o dado de quem neste país estiver localizado no respectivo momento. Isso cria, impropriamente, uma associação entre localização do titular e coleta (tratamento) do dado. É uma ficção jurídica que torna despicienda a norma supletiva prevista no inciso segundo. Com efeito, diante dessa associação ficta entre conceitos diferentes, os dois dispositivos legais (parágrafo primeiro e inciso segundo, ambos do artigo terceiro) falam o mesmo, a demonstrar nova atecnia, passível de correção mediante revogação ou ajuste do dito parágrafo primeiro.

Para além dessa atecnia, a forma como o dispositivo veio a ser redigido dá ensejo a outra possível interpretação, o que também demonstra a necessidade de revisão legislativa. De fato, tomando como norma inspiradora o RGPD, é possível[76] que o legislador brasileiro tenha intencionado replicar no Brasil a norma do regulamento europeu segundo a qual, estando o titular em território europeu, o normativo incidiria, caso o tratamento se destinasse a oferecer bens ou serviços, ou controlar comportamento seu levado a efeito em território europeu.

Segundo essa interpretação alternativa, o trecho "indivíduos localizados no território nacional" previsto no inciso segundo serviria como elemento condicionante da incidência normativa decorrente de oferta de bens ou serviços. Isto é: havendo oferta de bens e serviços, incidirá a LGPD *desde que* trate de dados de indivíduos localizados no Brasil. Assim parece seguir a doutrina especializada, ao dispor que "a oferta ou o for-

[75] Para Patrícia Peck Pinheiro "[A] LGPD não está relacionada à cidadania ou à nacionalidade dos dados pessoais, tampouco à residência do indivíduo titular" (PINHEIRO, 2018, p. 22).

[76] Fala-se em possibilidade, pois não há respostas claras oriundas dos debates legislativos havidos nas duas casas do Congresso Nacional, que foram sintetizados nos projetos de lei, nas emendas parlamentares, nos avulsos e nos substitutivos que culminaram na LGPD.

necimento de bens e serviços precisam ser realizadas para titulares que se encontrem fisicamente dentro do território brasileiro, mesmo que não haja cobrança pecuniária para tanto, sendo irrelevante, também aqui, a cidadania do titular ou o país de sua residência" (Vainzof, 2019, p. 57)[77].

Essa orientação, contudo, desconsidera que o acesso aos bens e serviços ofertados desde o Brasil pode ser feita por um terminal localizado fora do Brasil, seja porque o requisitante lá está, seja porque faz uso de uma rede privada virtual a partir da qual sua conexão se faz a partir de outro Estado. Portanto, reduzir o dispositivo em questão a tal significado não parece ter sentido prático. Se a intenção for fazer incidir a norma brasileira a fatos ocorridos em solo brasileiro, o local de onde se requisita o serviço torna-se irrelevante, uma vez que o bem ou serviço, que é o gatilho fundamental para incidência normativa, é executado no Brasil e neste país surte efeitos.

Um caso exemplificativo pode esclarecer a questão. Suponha que uma orquestra brasileira decida ofertar, a partir de seu website hospedado em um domínio brasileiro (".br", por exemplo), um serviço de assinaturas que permita acesso descontado e preferencial aos concertos do próximo ano. Caso um indivíduo domiciliado no Brasil acesse esse website desde a Argentina, a LGPD não incidiria por força do inciso segundo, na interpretação acima transcrita, uma vez que o acesso não se deu a partir do Brasil.

É bem verdade que a LGPD haveria de incidir por força do inciso primeiro do artigo terceiro, já que o tratamento, total ou parcialmente, se deu no Brasil. No entanto, esse resultado faria letra morta do inciso segundo, o que não se admite segundo as regras clássicas da hermenêutica[78].

Nesse sentido, parece mais adequado, desde um ponto de vista puramente hermenêutico, considerar como hipóteses distintas de incidência normativa à LGPD a oferta de bens e serviços no Brasil e a localização do titular em território brasileiro. Como se verá, ambas as hipóteses devem ser analisadas *cum grano salis*, ao menos para considerar a abordagem plural e cosmopolita que aqui se pretende avançar.

Antes disso, faz-se necessário revistar como o direito europeu trata o local do titular dos dados em seu regime de aplicação territorial.

[77] Confira ainda os comentários de Caio César Lima, na perspectiva do RGPD (Lima, 2021, p. 31).

[78] Na clássica lição de Carlos Maximiliano, deve-se preferir "a inteligência dos textos que torne viável o seu objetivo, ao invés da que os reduza à inutilidade" (Maximiliano, 2011, p. 203).

No caso do RGPD, o elemento relevante no que toca ao titular parece ser a sua residência, incidindo o normativo quando o titular residir em território europeu e o tratamento for ali realizado "no contexto das atividades" de um estabelecimento situado em tal território, ou, alternativamente, quando o tratamento for realizado por um agente estabelecido fora do território europeu, mas seu objetivo for ofertar bens e serviços a esses titulares no território ou controlar seu comportamento em território europeu.

A primeira hipótese, que diz respeito à regra do estabelecimento, já foi tratada no item 3.2.1 acima. O que deve ser aqui discutido é a segunda hipótese, que, para especialistas, seria "a maior conquista" da reforma havida para substituir a Diretiva 95/46. Segundo explicam Marcos Wachowicz e Luciana Reusing, isso decorreria de sua:

> [A]plicabilidade na proteção de dados das pessoas residentes na União Europeia, ainda que tenha sido efetuado por responsável/operador não estabelecidos no território europeu, mas que as operações de tratamento se relacionarem à oferta de bens ou serviços, independentemente da exigência de pagamento e ao monitoramento do seu comportamento, desde que tal conduta ocorra no espaço territorial da [União Europeia] (2020, p. 617).

No aspecto puramente técnico-legislativo, não há dúvida de que a previsão do RGPD é de maior clareza e facilidade interpretativa. Ela deixa claro que a residência em território europeu, e não simplesmente sua localização em território europeu, é condição indispensável para que o tratamento de dados realizado por agente estabelecido ou domiciliado fora do território europeu possa ser alcançado pelo referido normativo, em claros efeitos extraterritoriais.

Para além disso, as alíneas do inciso segundo em questão estabelecem duas condições adicionais *alternativas*, que, cumpridas, determinam a incidência do RGPD.

Seguindo a figura dos testes de aplicabilidade comuns no direito anglo-saxão[79], tem-se que a incidência normativa do RGPD para tratamento realizado por agentes não estabelecidos na União Europeia depende do cumprimento do seguinte teste: (1) que o titular dos dados resida em ter-

[79] Na perspectiva do regime europeu de proteção de dados, um dos principais testes é o "teste de balanceamento" para fins de configuração do legítimo interesse como hipótese autorizativa de tratamento de dados (Röder; Lana, 2020, p. 229).

ritório europeu; *e* (2) que o tratamento tenha por objetivo (2.a) a oferta de bens e serviços na Europa ao referido titular, *ou* (2.b) o controle de comportamento desse titular, desde que o comportamento ocorra na Europa.

Para bem compreender o alcance desse elemento de conexão, deve-se ter em mente que o termo "residência" surge na tradução ao idioma português do RGPD. Não há correlato ao termo "residência" nas versões em língua inglesa – "*data subjects who are in the territory of the Union*" (titulares que estão no território da União Europeia) –, tampouco francesa – "*personnes concernées qui se trouvent sur le territoire de l'Union*" (titulares que se encontrem no território da União Europeia) –. Já a versão em espanhol adota tal conceito: *interesados que residan en la Unión* (titulares que residam na União Europeia).

Todas essas versões são oficiais, cabendo, assim, verificar se a intenção do legislador foi incorporar o conceito específico de residência e, caso positivo, qual seria ele.

Do ponto de vista histórico-legislativo, a residência do titular não se mostra relevante para o regime de proteção de dados que veio a ser construído na União Europeia a partir da Convenção 108, que lhe serviu de primeira inspiração. De fato, logo no artigo primeiro da referida Convenção, há expressa indicação de que seu propósito seria assegurar à pessoa natural, "independentemente de sua nacionalidade ou residência", os direitos nela insculpidos.

No mesmo sentido segue a orientação doutrinária publicada na União Europeia a respeito do RGPD. Para Dan Jerker B. Svantesson, no caso do inciso segundo do artigo terceiro do RGPD, "o tratamento deve ser de dados pessoais de titulares que *estejam* na União Europeia" (SVANTESSON, 2020, p. 88)[80]. Não se fala assim em residência, tampouco domicílio.

Na perspectiva jurisdicional, o TJUE teve oportunidade de esclarecer a questão e afastar o critério de residência no supracitado Processo nº C-507/17, envolvendo Google e a CNIL. Ao tratar da abrangência material de sua decisão, o TJUE deixou claro que:

> No que respeita à questão de saber se essa supressão de referências deve ser efetuada nas versões do motor de busca que correspondem aos Estados-Membros *ou apenas na versão desse motor que corresponde ao Estado-Membro de residência do beneficiário da supressão de referências*, resulta nomeadamente do

[80] Destacou-se.

> facto de o legislador da União ter optado por fixar as regras em matéria de proteção de dados por via de um regulamento, que é diretamente aplicável em todos os Estados-Membros, fazendo-o, como sublinha o considerando 10 do Regulamento 2016/679, a fim de assegurar um nível de proteção coerente e elevado em toda a União e eliminar os obstáculos à circulação de dados na União, que, *em princípio, a supressão de referências em causa deve ser efetuada para todos os Estados-Membros* ("Google, Inc v. CNIL", 2019, parag. 66).

Nesse sentido, partilha-se do entendimento de que, para os fins e os efeitos do RGPD, a residência, o domicílio e a nacionalidade do titular são irrelevantes para configuração de sua abrangência territorial e, por conseguinte, de seus efeitos extraterritoriais a atividades de tratamento realizadas por agentes estabelecidos ou domiciliados fora da União Europeia. A pessoa, no caso em questão, deve estar no território da União Europeia, compreendendo a doutrina que isso implicaria que a pessoa deve se encontrar "fisicamente" nesse território (Lima, 2021)[81].

RGPD e LGPD, dessa forma, adotam a mesma perspectiva, com o diferencial de que, no caso da LGPD, o normativo merece uma revisão legislativa para redução de dúvidas interpretativas.

Esclarecidos os limites e os contornos do *local do titular* enquanto hipóteses de aplicação normativa da LGPD e do RGPD, cabe perquirir, assim como nas reflexões antecedentes, se essa construção normativa possui sentido prático considerando as peculiaridades dos dados pessoais antes mencionadas e, ainda, se ela está aderente ao cosmopolitismo que aqui se invoca.

Nas críticas já apresentadas, o ponto central em questionamento foi a inadequação das propostas às características dos dados pessoais. Tratando-se de elemento com representação ubíqua, perquirir sobre local de tratamento, aí incluída a captura do dado, pode levar a resultados artificiais, como se exemplificou acima.

Não quer isso dizer que o local de tratamento deva ser descartado como hipótese de incidência normativa, mas sim que ele deva ser sopesado com outros fatores que aumentem ou atenuem o grau de relevância do fato jurídico em questão (o tratamento) no ordenamento jurídico envolvido.

[81] Muito embora o conceito de físico e digital já não mais faça tanto sentido prático em tempos de infosfera.

Isso também se verifica com o *local* do titular. Ele, isoladamente, não é suficiente para demonstrar, com concretude, o interesse do ordenamento jurídico em atingir o respectivo fato jurídico. Analisado contextualmente, contudo, é possível que esse elemento de conexão se torne o mais relevante e compatível com a ubiquidade que se tratou.

Com efeito, sendo a disciplina de proteção de dados afeta aos direitos da personalidade, consistindo em direito fundamental da pessoa humana, nada mais razoável do que colocar a pessoa no centro da proteção concedida pelas diversas regulações de dados. A pergunta que se coloca é: que pessoa seria essa? Qualquer uma que, porventura, cruzar o território de um Estado? Seus nacionais? Seus cidadãos? Ou seus residentes?

Local, nacionalidade, cidadania e domicílio voltam, nesse ponto, como elementos fundamentais da determinação de lei aplicável no contexto do Direito Internacional Privado. Aqui, então, faz-se necessário determinar dois critérios fundamentais das normas conflituais desse ramo do direito.

O primeiro é o local de prática do ato (*lex loci actus*) correspondente, no caso, ao local em que o tratamento é realizado. É verdade que, como se viu anteriormente, a localização da atividade de tratamento pode ser de difícil consecução, seja porque o ambiente de tratamento pode estar embarcado em um servidor em nuvem, seja, ainda, porque o próprio agente de tratamento pode delegar essa função para funcionários de uma sucursal localizada em outro território. Ambos os casos já são conhecidos no direito europeu e nas decisões antes citadas do TJUE.

Em que pese tal dificuldade, é possível que a LGPD estabeleça condições que qualifiquem o elo de conexão. A análise comparada nos apresenta possíveis condicionantes. O "contexto de atividades" é uma delas. Se o tratamento for realizado *fora* do contexto de atividades de um agente estabelecido ou domiciliado no Brasil, não haveria motivo para incidir a lei brasileira em razão da *lex loci actus*. Se, de seu turno, o tratamento *se inserir* no contexto de atividades desse agente, a LGPD poderá se aplicar por intermédio desse elemento de conexão.

O segundo critério a ser perquirido é o *lex loci damni*, que corresponde ao "lugar em que se manifestaram as consequências do ato ilícito, para reger a obrigação de indenizar a quem foi atingido pela conduta delitiva" (Wachowicz; Reusing, 2020, p. 608).

Trata-se do elemento de conexão que mais se aproxima do titular em si. Por força dele, vindo o titular a sofrer dano, no território brasileiro, em virtude de atividade de tratamento praticada no Brasil ou no exterior, haveria razão suficiente para que a LGPD venha a incidir.

Uma leitura sistemática do RGPD demonstra essa perspectiva. Com efeito, a despeito de não mencionar "dano" ou "ato ilícito", o regulamento europeu identifica os fatos jurídicos que poderiam ensejá-lo, isto é, a oferta de bens, de serviços e o controle de comportamento da pessoa. Não se indaga aqui de onde parte o tratamento, mas para que ele é feito, a quem ele é dirigido e qual é sua finalidade.

A questão deixa de ser abstrata, artificial, e passa a ser concreta, real. Qual é, enfim, a motivação do tratamento? Ele se volta a oferecer produtos ou serviços no território em questão? Ele enseja risco de causar dano aos titulares ali localizados? São essas as perguntas relevantes que se deve indagar, posicionando a análise jurídica não no tratamento, em si, mas no dado pessoal e, sobretudo, no seu titular.

Ao dar concretude à questão se respeitará os *outros* ordenamentos jurídicos, na medida em que a aplicação normativa de determinada lei se faz de maneira criteriosa, deixando à outra regulação as matérias que lhe digam respeito com maior grau de proximidade normativa.

A proposição, reconhecida na Europa, mas não positivada no Brasil, além de se compatibilizar com o cosmopolitismo, propõe uma visão de interoperabilidade. Nessa visão, os diferentes sistemas jurídicos permanecem válidos e aplicáveis em um ambiente pluriconectado e informacional, cabendo às regras de conflito de lei funcionar como uma ferramenta de adequabilidade normativa e de "gestão do pluralismo", como pontua Horatia Muir Watt (2017, p. 125).

Nessa perspectiva, as regras conflituais deixam de ser reduzidas a um "excessivo formalismo" e, nas palavras de Nadia de Araújo alcançam "novos *topoi* (lugares-comuns)", a partir de uma metodologia "comprometida com uma jurisprudência de interesse e valores, em favor de decisões que, ao solucionar o conflito de leis, não ignorem as consequências do caminho encontrado" (ARAUJO, 2011, p. 20). A professora vai além e, em consonância com o que ora se reflete, consigna:

> O [Direito Internacional Privado] precisa dispor de uma metodologia que incorpore o viés de um pensamento jurídico retórico-argumentativo, e não mais lógico-sistemático ou formalista, próprio das concepções positivistas. Só desta forma se poderá chegar às soluções desejadas no momento atual: uma ressurreição do pensamento tópico e casuístico, que está nas origens

> do [Direito Internacional Privado] da escola italiana. Por isso, as regras de [Direito Internacional Privado] precisam obedecer ao sistema de regra/exceção, tendo os direitos humanos como baliza das soluções encontradas pelo método conflitual, não sendo a lei aplicável a única solução possível para um problema plurilocalizado (ARAUJO, 2011, p. 21).

É nessa perspectiva, menos formalista e mais argumentativa, menos positivista e mais cosmopolita, que se busca perquirir sobre a adequabilidade das normas de aplicação normativa da LGPD. Nesse contexto, é possível extrair a premissa que deve nortear a determinação de lei aplicável para fins de aplicação da LGPD: posicionar o titular e seus interesses no centro; são seus direitos de personalidade – direitos humanos fundamentais em sua essência – que estão em jogo e são seus dados pessoais que estão sendo transacionados, beneficiando economicamente os agentes e seus contratantes e suportando novas esferas de poder, baseadas em um capitalismo de vigilância.

Isso será discutido no Capítulo final desse livro. Por ora, importa consignar que o ponto central da proteção normativa ofertada pela LGPD deve ser o *titular* e o *dano* por ele experimentado.

Passa-se à última das hipóteses de aplicação normativa.

3.2.4. Local do serviço ou do bem

Adotando um critério finalístico, a partir do conceito de "direcionamento", ou *targeting criteria* (Vainzof, 2019, p. 56), o RGPD incorporou a tradicional metodologia de perquirir o objetivo da atividade executada pelo agente, seguindo um desenho regulatório típico do direito do consumidor promulgado em território europeu (Svantesson, 2015a, p. 231).

A ideia é direta e objetiva: se o agente de tratamento (ou o fornecedor de um produto) pretender, com o tratamento, oferecê-lo em território europeu, o RGPD (ou os normativos de direito do consumidor) deveriam incidir.

Os normativos aqui comparados adotam essa hipótese de incidência, sendo que a LGPD, como já se viu, possui redação passível de dúvidas conceituais. Para melhor entendimento, parte-se do dispositivo tecnicamente mais claro, previsto no segundo inciso do artigo terceiro do RGPD. Segundo ele, incidirá a norma em questão quando "as atividades de tratamento estejam relacionadas com a oferta de bens ou serviços a esses titulares de dados na União..." e, ainda, quando essas mesmas atividades se relacionarem com "o controle de seu comportamento, desde que esse comportamento tenha lugar na União".

Sua incidência parece simples, bastando demonstrar a relação do bem ou o serviço ofertado na União Europeia com a atividade de tratamento. Todavia, a regra em questão apresenta uma série de dificuldades práticas.

A primeira delas é sua subjetividade, que já vinha sendo alertada pelos especialistas desde antes da promulgação do RGPD (Svantesson, 2015a, p. 232). Demonstrando o agente de tratamento que a atividade não visava se relacionar com tal bem ou serviço, a hipótese de incidência deixaria de se aplicar.

A subjetividade resta clara do preâmbulo do RGPD, cujo item 23 impõe que, para correlacionar a atividade de tratamento com o bem ou serviço ofertado é necessário "determinar em que medida é evidente a sua intenção [do agente] de oferecer serviços a titulares de dados num ou mais Estados-Membros da União". A esse respeito, a doutrina especializada segue no sentido de ser "necessário identificar em qual medida há a intenção de efetivamente oferecer bens ou serviços a pessoas que se encontrem fisicamente no território da União", de sorte que:

> o mero fato de haver website ou aplicativo acessível pela internet não é suficiente para trazer a incidência do GDPR; se essa aplicação estiver disponível em alguma das línguas oficiais do território da União, isso também por si só não vai trazer a automática incidência do GDPR, mas é critério relevante para sua aplicação, a depender de outros fatores que precisam ser analisados em conjunto. A se pensar diferente, isso poderia impactar inúmeros portais e aplicações no mundo, o que não se conformaria à ratio legis e à occasio legis do GDPR – tal incluiria até mesmo praticamente todos os portais brasileiros, uma vez que a língua portuguesa é uma das línguas oficiais da União (LIMA, 2021).

A segunda delas é a ausência de critérios objetivos preestabelecidos para, precisamente, determinar o grau de relação entre a atividade de tratamento e a correspondente oferta. No âmbito europeu, esse ponto foi mitigado pelo lançamento, em 2018, das Diretrizes sobre Aplicação Territorial do RGPD publicado pelo Comitê Europeu de Proteção de Dados (UNIÃO EUROPEIA, 2018).

A terceira delas, e a mais conectada com as peculiaridades dos dados pessoais, está na ubiquidade desses dados, que pode tornar turvas as lentes de leitura dessa relação. O exemplo mais óbvio, reiterado pela doutrina especializada, refere-se aos serviços de geolocalização, que podem ser embarcados em toda sorte de aplicativos controlados e operados por uma infinidade de agentes de tratamento de dados, a partir das interfaces de programação de aplicativos – as APIs.

Nesses casos, é possível que a desenvolvedora do sistema de geolocalização sequer tenha conhecimento da maneira como seu sistema é usado por terceiros, por intermédio dessas interfaces. Um agente, portanto, sem o conhecimento da dita desenvolvedora pode embarcar o sistema em um aplicativo para ofertar bens e serviços na União Europeia.

Esse desenvolvedor, estabelecido fora da União Europeia, poderia ser atingido pelo RGPD por ter desenvolvido a ferramenta a partir da qual a atividade de tratamento é desempenhada?

De um ponto de vista puramente conceitual e interpretativo, a resposta há de ser negativa, pelo fato de a atividade dele não se relacionar ao tratamento em si, ainda que se possa discutir se houve assunção de risco empresarial que, por outras frentes, pudesse atrair responsabilidade civil ao desenvolvedor. Por isso, ao menos na perspectiva dos serviços de geolocalização, e outros similares que permitam ser embarcados em aplicativos, será necessário maior esclarecimento.

Explicitadas as dificuldades de conectar o bem ou o serviço com a intenção do agente de tratamento, faz-se necessário partir para a outra hipótese, em que o critério finalístico é adotado: o controle de comportamento.

A preocupação legislativa está no chamado *profiling*, a partir do qual a atividade de tratamento se volta para "definir o perfil de uma pessoa singular, especialmente para tomar decisões relativas a essa pessoa ou analisar ou prever as suas preferências, o seu comportamento e as suas atitudes", conforme definido no item 24 do preâmbulo do RGPD. A redação da alínea relativa ao controle de comportamento é diferente daquela relativa à oferta de bens e serviços, pois, na primeira, não se discute, explicitamente, a intenção do agente de tratamento, como é o caso da última.

A despeito disso, a orientação normativa apresentada pelo Comitê Europeu de Proteção de Dados segue no sentido de que uma intenção específica de *profiling* deve ser demonstrada para que a norma possa atingir agentes de tratamento não estabelecidos na União Europeia (UNIÃO EUROPEIA, 2018)[82].

Na LGPD, não há norma correlata sobre *profiling* no que toca a seu âmbito de aplicação, que se limita a prever que incidirá a norma quando "a atividade de tratamento tenha por objetivo a oferta ou o fornecimento de bens ou serviços ou o tratamento de dados de indivíduos localizados no território nacional". Já se falou sobre a impropriedade de acumular duas situações distintas: oferta de bens e serviços, de um lado e, de outro, o tratamento de dados de titulares situados no Brasil.

Voltemo-nos à primeira parte, isto é, como a norma deve ser interpretada, e quais são as repercussões dessa interpretação na visão plural e cosmopolita que aqui se propõe.

Segundo Rony Vainzof a norma em questão deriva do raciocínio de que agentes de tratamento estrangeiros que visem oferecer tais serviços devem avaliar "as regras locais a que estarão sujeitos" (VAINZOF, 2019, p. 56). A avaliação é assim finalística e subjetiva, pois busca perquirir aquilo que o agente de tratamento de dados buscava ao tratar determinado dado pessoal. Segue, pois, a mesma abordagem do RGPD.

Diferentemente do RGPD, não há aqui norma preambular na LGPD, tampouco diretrizes interpretativas da ANPD a facilitar o trabalho hermenêutico em decifrar e limitar os efeitos extraterritoriais da norma em questão.

Há, contudo, clara inspiração no Marco Civil da Internet, cujo artigo 11º, §2º prevê regra bastante similar, segundo a qual tal normativo se aplica a pessoa jurídica sediada no exterior, desde que "oferte serviço ao público brasileiro ou pelo menos uma integrante do mesmo grupo econômico possua estabelecimento no Brasil".

Nesse aspecto, é possível antever uma abordagem expansionista e flexível dessa hipótese de incidência da norma, em especial a partir dos julgados do Superior Tribunal de Justiça.

Com efeito, em um recurso que discutia a necessidade de cooperação jurídica internacional para que juiz brasileiro tivesse acesso a dados armazenados pelo Facebook, Inc., o voto condutor da unanimidade, relatado pelo Ministro Jesuíno Rissato[83], aplicou a regra acima identificada

[82] Sobre *profiling* e suas repercussões no direito europeu, confira o estudo de Klaus Wiedemann "Profiling and (automated) decision-making under the GDPR: A two-step approach" (2022).

[83] Desembargador convocado pelo Tribunal de Justiça do Distrito Federal e Territórios.

para reconhecer a existência de grupo econômico, de sorte que, embora tratados fora do Brasil, os serviços foram oferecidos no referido Estado, por empresa sediada no Brasil, fazendo incidir o Marco Civil da Internet ("BRASIL", 2022a).

Pelas mesmas razões, a sucursal do Facebook, no Brasil, foi condenada a responder pelos atos de sua matriz estrangeira, nos casos previstos no supracitado normativo do Marco Civil da Internet, bem como do WhatsApp, Inc., eis que no mesmo grupo empresarial ("BRASIL", 2020).

Por efeito desses e de outros casos similares prolatados nas instâncias judiciais inferiores brasileiras, Rony Vainzof conclui que, também no Brasil, "o teste necessário é o da identificação da medida que há intenção de efetivamente se oferecer bens ou serviços a pessoas que se encontrem fisicamente no território brasileiro ou do foco em tratar dados de titulares em território nacional" (Vainzof, 2019, p. 57).

Como se viu a partir da análise do critério do direcionamento identificado tanto no RGPD, quanto na LGPD, resta evidente que a intenção de aplicar a atividade de tratamento de dados para oferecer bens ou serviços no território brasileiro (ou europeu) é o elemento-chave para a atração normativa de uma ou outra lei. Coloca-se, assim, o mesmo questionamento anterior, a respeito de sua compatibilidade e razoabilidade com a perspectiva plural do Direito Internacional Privado.

Nesse contexto, entende-se que esse critério está adequado. Isso, pois ele visa a acobertar um direito fundamental, atinente à personalidade da pessoa natural e, em última análise, visa a proteger o titular de atos ilícitos. Nesse sentido, relembrando as colocações de Nadia de Araújo, o que está em jogo são direitos humanos, os quais devem balizar a aplicação normativa e as regras conflituais (2011, p. 21).

Em questão, aqui, está a maneira como será usado esse permissivo legal com claros efeitos extraterritoriais. Se para justificar um imperativo de soberania individual do Estado em análise, ou, de outro lado, se para propugnar uma versão cosmopolita da regra conflitual, que não descure das peculiaridades dos direitos fundamentais para cada estado, mas que, a partir dessas diferenças, permita uma abordagem que aumente "a consciência dessas incompletudes culturais mútuas, como pressuposto para um diálogo intercultural" (Piovesan, 2014, p. 40).

Isto é, a norma conflitual deve ter a pessoa natural em seu eixo, concedendo a proteção normativa necessária a quem tenha violado o direito à proteção de seus dados, na extensão prevista na legislação pertinente, quando estiver no Estado em questão.

O ponto de cuidado redobrado é precisar o *local* da pessoa quando necessitar do amparo normativo. Envoltos na *infosfera*, os dados pessoais de seus "habitantes" (os *inforgs*) estão aqui e ali ao mesmo tempo e *a todo o tempo*. Em razão disso, os normativos buscaram trazer a rigidez do conflito de leis a algo fluido como a *infosfera*. E, no caso em comento, desenvolveram uma análise *subjetiva*, em busca de resultados *objetivos*. Visaram perquirir o que o agente de tratamento de dados *pretendeu* com o tratamento em questão, para, como base nessa análise subjetiva, determinar, *objetivamente*, se a lei incidirá sobre a situação jurídica vivenciada.

Já se viu que o teste de "direcionamento" (*targeting test*) possui falhas. Não apenas em razão do subjetivismo, mas também (e principalmente) porque representa a importação de um conceito derivado de legislações protetivas do consumidor.

De fato, muito embora o direito do consumidor, na perspectiva brasileira, esteja preparado para lidar com transações em ambiente virtual, ou na *infosfera*, ele se volta para regular a experiência comercial sobre *bens* e *serviços*. Não obstante, dados não são bens, tampouco serviços.

Dados são, longe disso, componentes da personalidade individual da pessoa natural, cujos direitos podem ser transacionados, mas não eles próprios. Fosse o contrário, o agente de tratamento de dados poderia *adquirir* dados pessoais tornando-se *titular* desses dados, em substituição à pessoa que os detinha. Não é esse o caso. Ao acessar determinado dado e tratá-lo, o agente em questão está a exercer um direito amparado pelas hipóteses descritas no normativo de proteção de dados relevante.

O fato de haver transações onerosas entre agentes de tratamentos de dados, por meio, por exemplo, dos contratos de processamento ou compartilhamento de dados (DPAs e DSAs), não conduz a uma transferência de titularidade sobre o dado, mas sim à cessão do direito de tratá-lo.

Portanto, tendo-se em conta essa circunstância, os critérios para incidência normativa da LGPD em razão de bens ou serviços oferecidos no Brasil devem ficar mais claros. Assim como se deu na União Europeia, caberá à ANPD promover esse esclarecimento a partir de atos normativos com esse efeito. Ao assim fazer, espera-se que a agência ofereça uma resposta que seja adequada ao objeto de sua regulação – os dados --, seja na perspectiva técnica (ubiquidade e hiperconexão), seja na perspectiva jurídica (proteção aos dados enquanto direito fundamental atrelado à pessoa humana, e sua personalidade).

3.3. Síntese esquemática das hipóteses de aplicação normativa

Ao encerrar esse Capítulo, cabe sintetizar as conclusões aqui alcançadas, a partir das diferentes hipóteses de incidência normativa da LGPD e do RGPD. Com base em um resumo esquemático, foi possível traçar seis cenários, em que as hipóteses de aplicação extraterritorial ficam mais evidentes.

Tabela 1 – Síntese esquemática das hipóteses de aplicação normativa do RGPD e da LGPD

Cenário	Aplicação da LGPD	Aplicação do RGPD
Tratamento realizado no Brasil	Terá incidência obrigatória, independentemente da nacionalidade, domicílio ou localização do titular, ou do agente de tratamento dos dados, ou, ainda, do local do dano ou da infração.	Será aplicável, caso o agente de tratamento seja residente na União Europeia; ou mesmo se o agente não for domiciliado, se a atividade de tratamento visar oferecer bens, serviços ou controlar o comportamento de titulares situados na União Europeia.
Tratamento realizado na União Europeia	Será aplicável, caso a atividade de tratamento vise oferecer bens ou serviços no Brasil, ou, ainda, caso os dados objeto de tratamento sejam de pessoas *localizadas* no Brasil.	Terá incidência obrigatória, independentemente da nacionalidade, domicílio, residência ou localização do titular, ou do agente de tratamento dos dados, ou, ainda, do local do dano ou da infração.
Titular localizado no Brasil	Incidirá obrigatoriamente, por força da parte final do inciso II.	Será aplicável, caso o agente de tratamento seja estabelecido ou residente na União Europeia; ou mesmo se o agente não for domiciliado, se a atividade de tratamento visar oferecer bens, serviços ou controlar o comportamento de titulares situados na União Europeia.

Cenário	Aplicação da LGPD	Aplicação do RGPD
Titular localizado na União Europeia	Será aplicável se houver tratamento no Brasil, ou se a atividade de tratamento visar oferecer bens ou serviços no Brasil.	Será aplicável se a atividade de tratamento se der no contexto das atividades de um agente residente ou estabelecido na União Europeia, ou se ela se voltar para a oferta de bens, serviços, ou controle de comportamento desse titular na União Europeia.
Bens ou serviços oferecidos no Brasil	Incidência obrigatória, independentemente do local do tratamento, da nacionalidade ou domicílio do titular.	Incidirá somente se a atividade de tratamento for realizada no contexto das atividades de um agente estabelecido ou residente na União Europeia.
Bens ou serviços (e controle de comportamento) oferecidos na União Europeia	Incidirá somente se a atividade de tratamento for realizada no Brasil, aí incluindo a mera coleta.	Incidência obrigatória, independentemente do local de tratamento, da nacionalidade ou do domicílio do titular.

Fonte – preparado pelo autor.

4
REGULAÇÃO PARA UM AMBIENTE DIGITAL PLURAL

O quarto e último capítulo desta obra tem por objetivo refletir sobre o estado atual das regras de aplicação normativa da LGPD e do RGPD em um ambiente hiperconectado.

Esse ambiente, a *infosfera*, além de ser um espaço de tráfego ininterrupto e ubíquo de dados pessoais, é um espaço de ressignificação do sujeito e de sua personalidade. Consequentemente, é também um espaço regido por um quadro normativo igualmente ressignificado.

O esforço até aqui empreendido se voltou a perquirir como se resolvem os conflitos normativos entre LGPD e RGPD, formulando críticas quando necessário. No atual ponto, a reflexão buscará entender como esses conflitos *devem* ser resolvidos, sintetizando as soluções propostas, tendo em conta as características dos dados pessoais e a função que o território, enquanto elemento chave das regras de aplicação normativa, *deve* ter na escolha de uma lei em detrimento da outra.

A leitura aqui proposta reconhece, de antemão, que os conflitos serão inevitáveis e que as normas de jurisdição internacional de um país ou de outro podem sobrepor à discussão de lei aplicável aqui proposta, levando o julgador a se inclinar em prol do corpo normativo que lhe seja mais familiar.

O ponto fundamental em que se insere essa pesquisa está em um nível acima, mais abstrato, em que se discutem os pressupostos de aplicação normativa no Direito Internacional Privado, restringindo-se ao ambiente de proteção de dados pessoais e limitando-se aos ordenamentos jurídicos brasileiro e europeu (LGPD e RGPD).

Várias foram as teorias que nortearam a evolução do Direito Internacional Privado, desde as escolas estatutárias, na Idade Média[84], passando pela doutrina de Savigny, Mancini e Story, no Século XIX[85], até culminar nas visões propostas no Século XX, por Antonio Boggiano, Henry Battifol e, no Brasil, por diversos autores que influenciaram o direito brasileiro como um todo, sendo exemplos Clóvis Beviláqua, Haroldo Valladão, Amilcar de Castro, Teixeira de Freitas, Irineu Strenger, Jacob Dolinger e tantos outros[86].

Não se tem dúvida de que a discussão levada a cabo por tais doutrinadores era alheia aos desafios da Internet e à própria noção de dados pessoais e de *infosfera*. A busca pela interface entre o ambiente digital e o conflito normativo se fez mais recentemente, em busca de ressignificar esse campo do direito. Nesse quadro, Maristela Basso explica que:

> O valor do DIPr, dentro de um sistema unitário de interpretação e aplicação do direito, só se justifica com o respaldo na evolução histórica dos seus institutos e nas recentes transformações que o marcam e o (re)definem. Sobre isso, ele deve atentar para uma preocupação crescente com a regulação da ordem econômica internacional, com os papéis transitórios e muitas vezes oscilantes do Estado em vários períodos da história (ora liberal, ora social ou neoliberal), assim como com a presença cada vez mais intensa de participantes/agentes privados na criação de ordens normativas paralelas e autônomas em relação ao ordenamento estatal (como os grandes conglomerados transnacionais financeiros) e os fenômenos de integração regional e comunitária (2020, p. 51).

No contexto da *infosfera* a redefinição proposta por Maristela Basso é, mesmo, necessária, seja pela presença dos agentes privados, seja pela existência de ordens normativas paralelas, seja, ainda, pela inescapável integração vivenciada na *infosfera*. Em síntese, como pontua a professora, um novo Direito Internacional Privado deve dar conta desses desafios e, para

[84] Naquela altura discutia-se o conflito entre os estatutos que compunham o Corpus Juris Civilis de Justiniano, cabendo aos glosadores, em especial da Escola de Bolonha, discutir a questão "a partir do reconhecimento dos limites territoriais de cada lei".

[85] Vale conferir as nuances dos entendimentos dos três expoentes do Século XIX no texto de Aline Beltrame de Moura (2018, p. 197–205).

[86] Confira um resumo de seus entendimentos no curso de Maristela Basso (2020, p. 114).

além de "buscar soluções para os casos mistos e multinacionais, se renova para resolver conflitos mais complexos decorrentes da descontinuidade espacial dos ordenamentos jurídicos" (Basso, 2020, p. 52).

A reflexão sobre esse novo Direito Internacional Privado se fez na presente obra a partir de uma visão pluralista-cosmopolita, que reconhece os espaços normativos de cada ordenamento, está aberta ao conflito normativo e busca soluções que respeitem a peculiaridade do fato jurídico com elementos de estraneidade e seus impactos nos diferentes ordenamentos, sejam eles estatais ou não estatais.

Essas soluções visam oferecer um conjunto de ferramentas que permitam escolher leis mais adequadas para os fatos jurídicos e, sobretudo, que viabilizem o que veio a se conhecer como sistemas jurídicos interoperáveis.

4.1. A visão plural-cosmopolita

O pluralismo legal é discutido desde o início do Século XX. Inicialmente voltadas para a interação entre as leis e costumes indígenas e as leis estatais, as lentes do pluralismo legal foram muito utilizadas para compreender, durante o processo de descolonização africana, as formas de interação dos sistemas jurídicos das antigas colônias com o direito estatal de seus antigos colonizadores. Em síntese, o pluralismo legal se verifica quando "dois ou mais sistemas jurídicos coexistem no mesmo campo social", sendo tais sistemas compreendidos como aqueles "suportados por um Estado, bem como outras formas não-legais de ordens normativas" (Merry, 1988, p. 870).

A discussão sobre pluralismo legal nasce no debate social, sobre as formas como as sociedades se organizam, em uma vertente antropológica e sociológica. Na perspectiva antropológica, Sally Engle Merry pontuava que essas ordens não-legais, ou não-estatais, abrangem sistemas formais "desenvolvidos por fábricas, corporações e universidades, incluindo códigos escritos, tribunais, forças de segurança e, às vezes, replicando a estrutura e a forma simbólica do direito estatal"; e "sistemas informais nos quais o processo de estabelecer normas, assegurar conformidade e aplicar sanções aparentam ser naturais e dadas aos membros do grupo, como ocorrem nas famílias e em grupos ou coletivos de trabalho" (Merry, 1988, p. 870–871).

A presença da sociologia no campo do pluralismo legal é representada por Gunther Teubner, que acumula formação sociológica e jurídica, sendo um dos expoentes do tema e de sua interface com o direito constitucional.

Em sua clássica obra "O Direito como Sistema Autopoiético", o professor alemão procura trazer para a ciência do direito a teoria da autopoiese do campo das ciências naturais. O objetivo final dessa teoria, segundo explica José Engracia Antunes, ao prefaciar a referida obra, seria responder em que consistiria um organismo vivo (1989, p. 2–3).

O caminhar dos escritos de Teubner demonstra o que para ele significaria o direito: um sistema vivo, inspirado no conceito de *living law* de Eugen Ehrlich[87] – daí porque discutir-se a teoria da autopoiese. Em sua visão, as diferentes manifestações de autoridade e poder coexistem em sistemas, abertos ou fechados. Na convivência entre essas diferentes manifestações, emerge uma nova forma de enxergar a teoria dos sistemas, uma teoria autopoiética, que, para Tebner, representava o sistema jurídico em sua essência, pois dotado de fechamento operacional e ancorado em relações circulares, em que ele se autonomiza da própria sociedade (Teubner, 1993, p. 53).

As lentes pluralistas e o próprio conceito de autopoiese são ferramentas relevantes para esse esforço de ressignificação do direito, a partir do fenômeno da globalização e "da pluralidade de ordens jurídicas no mundo, da coexistência do direito doméstico estatal com outros regimes jurídicos e a ausência de uma ordem hierarquicamente superior transcendendo as diferenças – todos esses tópicos do pluralismo legal reaparecem na esfera global" (Michaels, 2009, p. 1).

Também o Direito Internacional Privado pode se ressignificar face às lentes pluralistas, não só em razão da globalização, mas, particularmente para a presente pesquisa, em razão da hiperconectividade que caracteriza a *infosfera*. É, aqui também, um esforço de autopoiese, em que o próprio direito se recria à luz de seu momento histórico[88].

No campo da aplicação normativa (lei aplicável) no Direito Internacional Privado, essas lentes apresentam novas maneiras de enxergar o con-

[87] Eugen Ehrlich é tido como um dos fundadores da teoria sociológica do direito e um dos precursores da discussão das ordens jurídicas não estatais em associações, empresas e outros entes não-estatais. Em síntese, ele considerava a ordem jurídica como autopoiética e fundada nas normas sociais (Ziegert, 2009, p. 228).

[88] Vale relembrar que a autopoiese é também um conceito filosófico invocado por Luciano Floridi. Ele pontua que o sujeito informacional é autopoiético e se utiliza de seus dados pessoais para se auto-organizar e se auto-conformar, a partir das três membranas que o constituem (Floridi, 2013, p. 219). Nesse sentido, as TICs estão para a infosfera assim como a invenção da escrita esteve para a sociedade antiga: ambas (a escrita e as TICs) sustentam novas formas de enxergar a sociedade, o sujeito e, por que não, o Direito (Floridi, 2011a, p. 561).

flito, suas formas, os métodos de resolução e, afinal, o papel desse próprio campo do Direito. O pluralismo legal reconhece a insuficiência das regras de aplicação normativa propugnadas pelos adeptos do territorialismo, e sua visão do conflito normativo ancorada na soberania, assim como aquelas estabelecidas pelos universalistas e sua busca por harmonização e homogeneidade em um direito cada vez mais fragmentado.

Nesse sentido, o pluralismo permitiria reconhecer que o direito é híbrido e que esse caráter híbrido deve ser abraçado em lugar de desconsiderado (Berman, 2012, p. 155). Permitiria, afinal, reconhecer que é essa fragmentação que, em si mesma, "move o direito internacional em direção ao pluralismo legal", como explica Martti Koskenniemi (ONU, 2006, p. 248). Ou, ainda, para Prosper Weil, reconhecer "o pluralismo inerente à sociedade internacional", em um espaço de normatividade relativa, como explanado em seu texto clássico (Weil, 1983, p. 441).

Nesse aspecto, uma visão plural deve ser, ao mesmo tempo, cosmopolita. Segundo essa perspectiva, as regras de aplicação normativa se prestam a gerir a multiplicidade normativa, a partir de critérios e fontes que não visem eliminar essa multiplicidade, mas, longe disso, analisar a questão a partir de uma abordagem que não necessite de encontrar os traços comuns entre as diferentes normas, tampouco de eliminar suas respectivas diferenças. Nessa visão cosmopolita, a busca é por abrir um espaço de convivência e respeito às diferentes normas (Berman, 2012, p. 143). Esse espaço, aberto a todos, não se estabelece a partir de regras de afinidade, tal como nacionalidade, identificação cultural ou outros, mas sim a partir da interação múltipla entre "grupos e culturas distintos" (Berman, 2012, p. 144).

Ademais, a vertente plural-cosmopolita reconhece que o conflito normativo é inevitável e busca geri-lo "a partir de mecanismos procedimentais, instituições e práticas que, ao menos, levem os participantes do conflito a um espaço social compartilhado" (Berman, 2012, p. 145).

Como se verá adiante, é possível extrair da LGPD esses tipos de mecanismos procedimentais, de forma a ressignificar suas hipóteses de aplicação normativa, a partir de ferramentas de acolhimento do *outro* direito, seja ele estatal, seja ele não-estatal. Acolhimento que não resulta em padronização ou harmonização, mas no reconhecimento da conexão entre os diferentes sujeitos, em mobilidade, sem necessariamente buscar "assimilação ou ostracismo" (Berman, 2012, p. 148).

Essa é a reflexão que seguirá nas linhas finais do presente trabalho: como a LGPD está equipada para oferecer respostas às críticas que se fez, acima, aos seus critérios de aplicação normativa, a partir de uma visão plural cosmopolita?

Para tanto, é necessário, antes de tudo, revisitar o conflito de leis nessa mesma perspectiva plural, de modo a admitir novas formas de leis e novos graus de legitimidade normativa, não ancorados na figura do Estado, típicos da *infosfera*.

4.2. Pluralismo no conflito de leis

As regras de conflitos de leis voltaram a ser discutidas tendo em conta a fragmentação normativa contemporânea. E, nesse debate, não só entraram em jogo os métodos do Direito Internacional Privado, mas também foi colocado em xeque esse próprio campo do direito como o mais adequado para resolver conflitos. Segundo Ralf Michaels, um retorno à teoria geral do direito e, até mesmo, à ciência política podem abrir espaço para novas formas de contornar ou conformar o conflito (2014, p. 54).

Todavia, sem prejuízo dessa visão multifacetada desse campo do direito, revisar os métodos e a função das regras de determinação de lei aplicável não implica desconstituir o Direito Internacional Privado, mas sim ressignificá-lo.

Ralf Michaels, em outro texto de sua autoria, relembra que, antes do surgimento do Estado-nação, o Direito Internacional Privado lidava com um sem-número de leis, oficiais ou não, tendo por elemento de conexão fundamental a afinidade cultural e não o território (Michaels, 2009, p. 9). Fronteiras não são, afinal, meros reflexos do poder estatal sobre determinado território, mas construções sociais e históricas, que tomam por base as diferentes representações de mobilidade social: “vetores, trajetórias, redirecionamentos, capturas e divisões” (Nail, 2016, p. 17). São, assim, ferramentas “kinopolíticas”[89], nas palavras de Thomas Neil, “uma forma de mobilidade” (Nail, 2016, p. 18).

Tendo isso em mente, pode-se pensar em várias estruturas que possam dar conta desse esforço de ressignificação. Um caminho mais direto seria retornar aos primórdios. Se a determinação de lei aplicável pudesse revigorar os métodos de conflitos de leis que precedem o Estado-nação, a visão pluralista restaria, *a fortiori*, recuperada. Isso, todavia, não seria suficiente

[89] Kino, do grego, significa movimento (Nail, 2016, p. 17).

para um ambiente de hiperconexão típico da *infosfera*. Ao contrário, em um contexto de clara competição regulatória entre diferentes regimes de direito privado (como no caso da LGPD e do RGPD), não bastaria recuperar o que já se foi, mas sim propor algo novo, em que o próprio método do Direito enquanto codificação e do estado enquanto fonte quase monopolista desse Direito são vistos no seu contexto histórico, e não como uma verdade absoluta (Michaels; Jansen, 2006, p. 888).

Mas, como essa renovação poderia ser feita no campo da proteção de dados pessoais, tão afeta à competição regulatória que se falou? A partir de um arejamento da teoria do conflito de leis, em um diálogo interdisciplinar, aqui exemplificado pelas contribuições da antropologia de Sally Engle Merry e da sociologia de Gunther Teubner – e, por que não, da própria ciência política (Michaels, 2014). Essa espécie de arejamento não retira do Direito Internacional Privado sua importância como gestor dessa pluralidade (Muir Watt, 2017, p. 125) a partir de mecanismos que permitem incorporar normas não-estatais à determinação de lei aplicável e reconhecer os diferentes sistemas jurídicos aplicáveis em uma chave plural-cosmopolita. Dentre esse conjunto de normas não-estatais, estão várias gestadas para a *infosfera*, pois "a evolução tecnológica e a ascensão da internet corresponde à ressignificação do direito privado criado dentro da comunidade da internet" (Michaels; Jansen, 2006, p. 870).

Revelando, assim, a adequação da teoria plural-cosmopolita à crítica que se faz na presente obra, as "leis autônomas da Internet", assim como a *lex mercatória*, exemplificam conjuntos de normas privadas, criadas fora do seio formal do Estado, que necessitam ser consideradas dentro dos métodos de determinação de lei aplicável. Com efeito, "o direito precede, por séculos, a ascensão do estado, mas desde a ascensão do estado-nação, nós consideramos o direito como o direito-estatal" (Michaels, 2005, p. 1.215).

Ao desacoplar o direito do direito *estatal*, é possível tratar a determinação de lei aplicável em uma chave plural-cosmopolita. De fato, o reconhecimento da *lex mercatoria*[90] como uma ordem normativa própria de origem

[90] Sobre *lex mercatoria*, Gunther Teubner demonstra que essa ordem normativa deriva de um sistema legal autopoiético, como ele teoriza, e, igualmente, de uma realidade jurídica ambivalente (ou hibrida, na percepção de Paul Schiff Berman. Ao discutir o paradigmático caso julgado pela *Cour de Cassation*, em 1991, na disputa entre *Primary Coal Incorporated v. Compania Valenciana de Cementos Portland*, Teubner pergunta: "Juiz, você não consegue reconhecer a ambivalência?", ao se referir a *lex mercatória* (Teubner, 2002, p. 202).

não-estatal dá indicativos claros de que a regulação dos atos praticados na *infosfera* poderá se dar, também, por ordens normativas não-estatais, cabendo aos sujeitos de direitos reconhecer tais ordens como normas com efeitos jurídicos.

Tomando por exemplo a *lex mercatoria* nota-se que se trata de "um conjunto de princípios gerais e de regras de costume referidas ou elaboradas espontaneamente no quadro do comércio internacional, sem referência a qualquer sistema jurídico nacional" (Mustill, 1987, p. 87). Teria a Internet sua ordem normativa própria? Isso dependerá de como os sujeitos que lhe são afetados respondem a questão.

Essa resposta, contudo, é diretamente influenciada pela forma como o Direito Internacional Privado trata as ordens normativas não-estatais. Em uma visão restritiva, ou bem o Direito Internacional Privado será ignorado e substituído por outros sistemas independentes do direito estatal, ou bem as ordens normativas não-estatais perderão seu vigor e, paulatinamente, serão abandonadas, em prejuízo da visão plural-cosmopolita aqui tratada.

Felizmente, uma leitura contextual e sistemática da LGPD demonstra seu acatamento (ou, no mínimo, sua recepção) a tais ordens normativas, o que permitirá, ato contínuo, revisitar seus critérios normativos.

4.3. Pluralismo na LGPD

Como se viu nos capítulos precedentes, a LGPD não é dotada de uma estrutura suficiente para determinação de sua aplicação normativa no contexto da *infosfera* e da circulação de dados pessoais. A adequabilidade desse corpo normativo aos dados pessoais e à *infosfera*, na hipótese aqui desenvolvida, passa por uma ressignificação dos critérios de aplicação normativa em uma perspectiva plural-cosmopolita.

O fechamento dessa pesquisa será justamente propor essa releitura, após fincadas as bases para a reflexão que se fará adiante. Antes disso, é necessário alertar ao leitor que, a despeito da insuficiência que se falou acima, em determinados aspectos a LGPD já se mostra sensível às peculiaridades dos dados pessoais e às potencialidades da *infosfera*, sobretudo quando ela supera a premissa da territorialidade (Brandão, 2020, p. 103).

A admissão de ordens normativas não-estatais, aspecto central de qualquer leitura que se funde em um arcabouço pluralista, está evidenciada nos diferentes critérios autorizativos da transferência internacional de dados. Os espaços de abertura democrática para o outro foram igualmente preservados na LGPD, seja por intermédio da ANPD, seja por intermédio do CNPDP.

Ao caminhar para a conclusão desse trabalho, é necessário discutir esses mecanismos de abertura ao pluralismo presentes na LGPD para, então, traçar os elementos que, à luz das premissas aqui apresentadas, melhor representariam as hipóteses de aplicação normativa da LGPD frente às peculiaridades dos dados pessoais e da *infosfera*.

4.3.1. Ordens normativas não-estatais na LGPD

A admissão de ordens normativas não-estatais está evidenciada, especialmente, no regramento sobre transferência internacional de dados estabelecidos na LGPD e no RGPD.

A definição de transferência internacional de dados é um tanto lacunosa na LGPD, assim como o é no RGPD. Com efeito, diz o artigo 5º, inciso XV da LGPD que transferência internacional é aquela que se faz "para país estrangeiro ou organismo internacional do qual o país seja membro". Não há, contudo, "regulação das bases legais para transferência internacional de dados", o que ficou relegado para a segunda fase da agenda regulatória da ANPD (Gutierrez, 2021).

O que se extrai do dispositivo, a partir de uma análise literal, é simplesmente que se, no fluxo de dados pessoais, houver intervenção de algum "país estrangeiro" ou "organismo internacional" haverá transferência internacional. Trata-se de conceito vago, dependente, pois, de integração normativa, o que se fará a partir das regulações complementares promulgadas pela ANPD.

É, nesse sentido, que as ordens normativas não-estatais entram em jogo. Revelando a abertura da LGPD a outras fontes normativas, admitem-se como legítimas transferências internacionais de dados pessoais amparadas por cláusulas contratuais padrão ou específicas, por normas corporativas globais, por mecanismos de certificação ou, ainda, por códigos de conduta. Trata-se em todos esses exemplos de normas de origem não-estatal, típicas da autorregulação (Berman, 2009, p. 229). Essas normas serão analisadas mais à frente.

No momento, contudo, cabe refletir sobre o modelo adotado pelo RGPD. No âmbito dessa legislação europeia definiu-se o conceito de "tráfego transfronteiriço", que se limitaria àqueles casos em que haveria trânsito de dados entre diferentes Estados-Membro, é dizer, dentro dos limites da União Europeia. A despeito disso, as transferências internacionais de dados que se destinem para fora do território europeu não foram definidas conceitualmente. Elas estão, ao contrário, identificadas e reguladas pelos artigos 44 a 46 do RGPD.

Como em outros aspectos da lei europeia, o conceito em questão veio a ser construído e aprimorado à luz das decisões das agências de proteção de dados pessoais, dos tribunais domésticos dos Estados-Membro e, em último caso, do TJUE. No Brasil, por outro lado, a discussão é, ainda, incipiente e inicial, motivo pelo qual, em mais um exercício de direito comparado, resgataremos a discussão doutrinária sob a égide do RGPD.

Segundo os especialistas, a transferência internacional de dados não constitui um ato passivo, sendo um regime de aplicação especial (KUNER, 2020a, p. 761). Não se verifica quando, por exemplo, um usuário simplesmente acessa, de fora da Europa, dados que foram carregados para um site desde a Europa. Nesse caso, fala-se em tráfego de dados, e não em transferência internacional.

A transferência internacional envolve, assim, um ato comissivo, em que os dados pessoais são, de fato, enviados para terceiros situados fora do território onde a lei de proteção de dados se aplica. Esse é, em síntese, o resultado do caso Lindqvist, julgado pelo TJUE, em 2001 (Processo n. C-101/01).

No caso, a autora, representante de uma entidade religiosa estabelecida na Suécia, discutiu se o acesso aos dados carregados no website da entidade desde fora da União Europeia implicaria transferência internacional de dados pessoais. A resposta do TJUE foi negativa.

Em primeiro lugar, porque o acesso internacional não decorreu de ato do estabelecimento situado na Europa, mas do próprio usuário. Em segundo lugar, porque o acesso realizado pelo usuário não foi executado em razão de uma transferência internacional, mas sim pela própria infraestrutura oferecida pelo provedor do serviço de hospedagem do website. Em terceiro lugar, porque, caso esse tipo de acesso constituísse transferência internacional, o que era para ser um regime de aplicação especial acabaria se tornando um regime geral, sobrepondo as demais normais que norteiam o tratamento de dados pessoais no ambiente europeu (KUNER, 2020a, p. 761).

Configurada a hipótese de transferência internacional de dados e, portanto, incidindo o regime normativo especial descrito no RGPD (e na LGPD), caberá demonstrar se essa transferência está amparada por um dos critérios autorizativos previstos nas referidas leis. Esses dispositivos têm por objetivo demonstrar que, nos países de destino desses dados, haverá grau adequado de proteção de dados pessoais, com o cumprimento das garantias asseguradas pela lei do Estado em que os dados são remetidos. Adotou-se, assim, o modelo geográfico, que busca uma certa equiparação entre os diferentes sistemas jurídicos de proteção de dados pessoais (Marques; Aquino, 2021, p. 476).

No Brasil, esses critérios estão descritos no artigo 33 da LGPD, mas ainda não foram regulamentados. A despeito disso, tomando por inspiração a interpretação desses mesmos critérios do RGPD, é possível identificar os sinais de acolhimento do pluralismo legal na LGPD, sobretudo porque, como se viu, o legislador considerou uma série de normativos de origem não-estatal como elementos demonstrativos de cumprimento dos padrões nacionais de proteção de dados.

Com efeito, no aspecto puramente contratual, a lei admite que cláusulas contratuais específicas regulem transferências internacionais desde que homologadas pela ANPD. Trata-se, aqui, de quadros contratuais específicos, desenvolvidos pelos agentes de tratamento de dados e aplicáveis à relação contratual entre eles estabelecida. É o caso, por exemplo, das cláusulas inseridas nos acordos de processamento de dados, ou nos contratos de compartilhamento de bancos de dados. Essas cláusulas, emanadas de um dos instrumentos de regulação privadas mais fundamentais (os contratos), oxigenam a prática da proteção de dados pessoais e, por consequência, a própria LGPD, cabendo à ANPD realizar o controle primário da sua legalidade (Marques; Aquino, 2021, p. 474).

Já as cláusulas-padrão não derivam, precisamente, da regulação privada. São, antes disso, propostas provenientes da própria ANPD, que desenvolve modelos-padrão passíveis de ser incorporados nos contratos privados. Trata-se da modalidade mais utilizada no âmbito europeu para suportar transferências internacionais de dados, especialmente no período em que a Diretiva 95/46 esteve vigente (Kuner, 2020b, p. 800).

Naturalmente que, no desenvolvimento dessas cláusulas, a ANPD, assim como as autoridades de proteção de dados europeias, deve buscar subsídios dos participantes dos mercados relevantes, de suas associações representativas e dos especialistas na matéria. Isso, na realidade brasileira, já se vê dos procedimentos de tomada de subsídios coordenados pela ANPD, um dos quais envolvendo, precisamente, o conteúdo das cláusulas contratuais padrão (BRASIL, 2022b, p. 4).

Como resultado disso, mesmo quando a ANPD age em sua competência legislativa-regulamentadora, a abertura aos normativos não-estatais está presente.

No mesmo sentido, fala-se das chamadas normas corporativas globais, que nada mais são do que documentos internos, produzidos no âmbito de multinacionais, que visam regular o trânsito de dados pessoais entre estabelecimentos do grupo empresarial localizados em diferentes territórios.

Essas ferramentas funcionam como elos entre os diferentes sistemas jurídicos a que os conglomerados multinacionais se submetem, a partir de seus diversos estabelecimentos empresariais. Isso porque os principais modelos regulatórios de proteção de dados, seja ele europeu, norte-americano, ou chinês, admitem as normas corporativas globais como mecanismos legítimos para viabilizar transferências internacionais de dados (MOEREL, 2012, p. 26). Assim, mesmo se não houver consenso entre Estados que adotem esses diferentes sistemas a respeito dos padrões de adequabilidade em proteção de dados, as normas corporativas globais podem conter uma linguagem comum e, assim, funcionar como um espaço de diálogo, para reavivar a discussão do pluralismo legal.

Ao criar essa linguagem comum, ainda que no ambiente restrito de uma multinacional, as normas corporativas globais obnubilam as fronteiras e a territorialidade. Afinal, no contexto particular da empresa em questão, as mesmas regras se aplicarão ao tráfego transfronteiriço de dados entre um Estado e outro (MOEREL, 2012, p. 28).

Mais que isso, essas normas estabelecem um movimento dialético entre ordens normativas não-estatais, autoridades e representantes do Estado relevante. Basta ver, no contexto do artigo 35 da LGPD, que essas normas devem passar pelo exame da ANPD, para o qual a agência deve levar em consideração a evolução tecnológica do momento em questão, podendo, até mesmo, delegar a empresas privadas essa função de revisar e chancelar normas corporativas globais.

No contexto das normas corporativas globais, as ordens normativas não-estatais são colocadas em destaque em duas camadas distintas. A primeira se dá com a recepção destas normas pela LGPD e na sua revisão, ou chancela, pela autoridade estatal designada, a ANPD. A segunda, por sua vez, verifica-se na eventual delegação desse processo de revisão, ou chancela, para uma empresa privada, que por meio de certificados – mecanismos de regulação privada – examinarão as normas corporativas em questão.

A demonstrar a importância desse mecanismo de transferência internacional de dados, no âmbito da União Europeia, desde a entrada em vigor do RGPD, quarenta e oito normas corporativas globais foram chanceladas de relevantes empresas multinacionais de mercados automotivo, farmacêutico, energia, mineração, óleo e gás, educação, bancário, equipamentos, dentre outros[91].

Antes disso, sob a égide da Diretiva 95/46 mais de uma centena de normas corporativas globais estiveram em vigor[92]. Na realidade, tais regras já são requisitadas nos programas de conformidade empresarial e estabelecem vantagens competitivas aos seus aderentes (Proust; Bartoli, 2011, p. 39).

Como fechamento dessa digressão sobre as ordens normativas não-estatais presentes na LGPD, cabe tratar dos selos, certificados e códigos de conduta. Embora a LGPD disponha a respeito desses instrumentos normativos, não há na lei, tampouco no RGPD, uma definição expressa do que seriam esses instrumentos (Kuner, 2020b, p. 808).

Entretanto, o RGPD possui dispositivos mais robustos a respeito do tema. Seu artigo 40, por exemplo, estabelece que esses códigos de conduta podem ser elaborados pelas próprias autoridades de controle ou, até mesmo, pelos Estados-Membro da União Europeia, para além da Comissão e do Comitê Europeu. Podem, igualmente, ser redigidos por "associações e outros organismos representantes de categorias de responsáveis pelo tratamento", sendo posteriormente aprovados pela autoridade de controle competente.

Conforme indica o RGPD, esses códigos de conduta visam a "contribuir para a correta aplicação do presente regulamento, tendo em conta as características dos diferentes setores de tratamento e as necessidades específicas das micro, pequenas e médias empresas" e ficam sujeitos, mesmo após a aprovação, a um procedimento de supervisão, a ser executado pela autoridade de controle, ou por uma agência certificadora por ela designada e que detenha um "nível adequado de competência relativamente ao objeto do código", em linha com o artigo 41 do RGPD.

91 A lista completa está disponível em <https://edpb.europa.eu/our-work-tools/accountability-tools/bcr_bg?page=0>. Acesso em 9 fev. 2023.

92 A lista completa está disponível em >https://edpb.europa.eu/our-work-tools/our-documents/other/pre-gdpr-bcrs-overview-list-0_en>. Acesso em 10 fev. 2023.

Já os selos e certificações são instrumentos emitidos por estabelecimentos credenciados junto às autoridades de controle dos Estados-Membro e visam a comprovar a "conformidade das operações de tratamento de responsáveis pelo tratamento e subcontratantes com o presente regulamento", segundo o artigo 42 do RGPD. O grau de conformidade, por sua vez, será aquele definido pela autoridade de controle em normativo próprio.

No direito brasileiro, caberá à ANPD definir o grau de conformidade, atestar os organismos de certificação e, no final, fiscalizar o cumprimento dos "requisitos, condições e garantias mínimas para a transferência", conforme o parágrafo primeiro de seu artigo 35.

Por fim, a adoção de mecanismos de certificação poderá levar um tempo, pois só recentemente veio a ser efetivamente implementado no ambiente europeu e, no Brasil, ainda não se encontra regulado (Chaves, 2019, p. 334).

Em conclusão, nota-se a abertura, na LGPD, de um espaço de diálogo com diferentes ordens normativas, inclusive não-estatais. Isso, por sua vez, é sinal de um entendimento segundo o qual, para além dos interesses estatais, é necessário cuidar para que a lei em questão se adeque às premissas e características daqueles que serão por ela afetados, em especial os titulares dos dados pessoais, os agentes de tratamento e, ao fim e ao cabo, os dados pessoais.

4.3.2. Espaços de abertura dialética na LGPD

Para além da admissão desses sistemas normativos não-estatais, a LGPD privilegia o espaço de diálogo para a definição das diretrizes estratégicas da Política Nacional de Proteção de Dados Pessoais e da Privacidade. Longe de ficar adstrita a uma autoridade governamental, a ANPD, a elaboração dessa Política envolve a participação de representantes dos poderes legislativo, executivo e judiciário, além de representantes do Comitê Gestor da Internet, de entidades da sociedade civil dedicadas à proteção de dados pessoais, de instituições científicas, confederações sindicais e do setor empresarial.

Essa participação se dá no âmbito do Conselho Nacional de Proteção de Dados e Privacidade – CNPDP, cuja constituição decorre precisamente da preocupação com um "distanciamento do regulador da realidade regulada", em busca de uma "composição multidisciplinar dos membros diretores da Autoridade, já mencionada aqui, e, sobretudo, do CNPD, com capacidade de garantir uma maior representação de importantes atores da sociedade" (Gutierrez, 2019, p. 460).

Para além dessa função, diga-se, político-estrutural do CNPDP, cabe-lhe outra importante função regulatória: "buscar maior transparência e controle social às atividades da ANPD". Não se trata, evidentemente, de um exercício fiscalizatório policial ou do ministério público, mas sim de uma ferramenta de transparência e de exercício de controle social, em um espaço de diálogo embasado em uma estrutura "multi-stakeholder" inspirada no Forum de Governança da Internet – IGF, a demonstrar sua pertinência e adequabilidade ao ambiente hiperconectado da *infosfera* (Gutierrez, 2019, p. 461).

No RGPD essa função de controle é feita por um órgão independente, o Comitê Europeu para a Proteção de Dados, o qual, todavia, não contempla abertura de tamanha envergadura quanto o modelo nacional, eis que, no caso europeu, o CEPD é constituído por membros das autoridades de controle dos Estados-Membro, mas sem contemplar a participação "multi-stakeholder" que se falou acima. De fato, o CEPD é o sucedâneo do GPP (Docksey, 2020, p. 1.045). Dentre suas tarefas está encabeçar o controle de coerência previsto no artigo 64 do RGPD, cujo objetivo é primar por uma "aplicação coerente" do RGPD em toda a União Europeia, buscando evitar, assim, interpretações inconsistentes (Blum; Arantes, 2021).

4.4. Revisitando a aplicação normativa da LGPD

É hora, portanto, de revisitar os critérios de aplicação normativa da LGPD, em busca de uma chave interpretativa que permita inserir essa regulação dentro do pluralismo legal, a partir de uma visão cosmopolita.

Deve-se, de antemão, reconhecer os esforços acadêmicos que vêm sendo empreendidos para analisar a questão, na perspectiva das corridas (e capturas) regulatórias no ambiente da *infosfera*, abrangendo não somente a proteção de dados pessoais, mas também propriedade intelectual, nomes de domínio e privacidade.

Já se referenciou os trabalhos de Jennifer Daskal, em que a autora pontua a "a-territorialidade" dos dados pessoais e os impactos dessa característica nas ferramentas de cooperação jurídica internacional, em especial aquelas envolvendo determinações judiciais de acesso a arquivos ou a mensagens armazenadas em servidores em nuvem situados fora de determinado território (2019, p. 180).

Faye Wang observa a questão na perspectiva da jurisdição internacional e propõe soluções para o que ela considera como obstáculos a um "Direito Internacional Privado da Internet" (2010, p. 182).

Sua primeira proposição seria a adoção de cláusulas de escolha de lei aplicável aos contratos que regulam as transações realizadas no ambiente da Internet. Essas cláusulas, aponta Faye Wang, "aumentariam a previsibilidade e reduziriam controvérsias desnecessárias em litígios judiciais" (WANG, 2010, p. 182).

A segunda proposição envolveria elaborar e adotar convenções internacionais que regulem a matéria em busca de harmonização[93], buscando inspiração no quadro normativo europeu, em que três regulamentos tratam da matéria: o Regulamento nº 593/2008 do Parlamento Europeu e do Conselho sobre a Lei Aplicável às Obrigações Contratuais (Roma I), adotado em 17 de junho de 2008, o Regulamento nº 864/2007 do Parlamento Europeu e do Conselho sobre a Lei Aplicável às Obrigações Extracontratuais (Roma II), adotado em 11 de junho de 2007; e o Regulamento nº 1215/2012 do Parlamento Europeu e do Conselho relativo à Competência Judiciária, ao Reconhecimento e à Execução de Decisões em Matéria Civil e Comercial, que veio a incorporar a Convenção de Bruxelas de 1968.

Exemplo de instrumento internacional que poderia ser adotado é a Convenção da Conferência da Haia sobre os Acordos de Eleição do Foro, publicada em 2005. A Convenção da Haia, relembra Faye Wang, será aplicável em determinados casos previstos no Regulamento nº 1215/2012 do Parlamento Europeu e do Conselho, especificamente quando uma das partes reside fora da União Europeia (WANG, 2010, p. 183).

A terceira proposição envolveria a participação dos juízes na interpretação das regras de conflitos de leis, em busca daquilo que a autora sugere ser uma "linguagem jurisdicional consistente".

A quarta, e última, proposição seria estabelecer um sistema de resolução de disputas para o ambiente da Internet que não dependa da escolha de foro, mediante arbitragem ou mediação, especialmente para os conflitos de pequena envergadura.

Os alertas de Jennifer Daskal e as proposições de Faye Wang são relevantes não apenas para demonstrar o grau de reflexão empreendido para a releitura do Direito Internacional Privado frente aos desafios da evolução tecnológica, mas, igualmente, para indicar que as diferentes proposições

[93] Vale dizer que a harmonização implica uma certa apropriação de diferenças em busca de eliminá-las ou reduzi-las, o que, ao final, diverge da posição plural-cosmopolita aqui sustentada, que está calcada no conceito de hospitalidade no direito, emergente dos escritos de Jacques Derridá.

devem levar em consideração uma análise conjunta do tripé que sustenta esse campo do direito: jurisdição internacional, reconhecimento de atos jurisdicionais internacionais e, para o caso da presente obra, a determinação de lei aplicável a fatos jurídicos com elementos de direito estrangeiro.

As propostas que serão elaboradas em seguida foram formuladas com base nessas premissas e têm o objetivo de servir de suporte para que as decisões sobre a aplicação normativa da LGPD possam ser tomadas tendo presentes as peculiaridades dos dados pessoais e da *infosfera*.

Referidas decisões não se limitam aos órgãos detidos de poder jurisdicional para resolver conflitos, mas, por igual, aos órgãos incumbidos de refletir, planejar e implementar o regime de proteção de dados pessoais a ser aplicado no Brasil, a partir daquilo que, na LGPD, se chamou de "Política Nacional de Proteção de Dados Pessoais e Privacidade".

Entende-se, nesse aspecto, que a ANPD terá importância fundamental para, em conjunto com o CNPDP, definir esses marcos regulatórios, sem prejuízo da intervenção do Poder Legislativo ou do Poder Judiciário sempre que, nos limites de suas competências, forem chamados a intervir.

Por isso, esse Capítulo termina com um espaço dedicado ao "Papel da ANPD" nesse processo, ainda inicial, de estabelecimento das regulações complementares, sem as quais os ditames da LGPD não poderão ser implementados em toda sua completude e complexidade.

4.4.1. Escolha de lei aplicável

As relações comerciais estabelecidas na *infosfera* são constituídas por uma série de obrigações refletidas em instrumentos jurídicos aos quais os integrantes desse ambiente se submetem de forma consentida ou não. Daí porque a chamada autodeterminação informativa possui posição central nos regramentos de proteção de dados pessoais ora analisados, como forma de dar ao sujeito de direitos, enquanto titular de dados, um leque de prerrogativas relacionadas a seus dados pessoais.

A autodeterminação informativa é um direito insculpido na LGPD e no RGPD e representativo de uma das "expressões mais renomadas" dessas leis (Mendes, 2022b, p. 12). Construído a partir da jurisprudência constitucional alemã, em decorrência, especialmente, da conhecida "decisão do censo" ou a "decisão do recenseamento" de 1983, a autodeterminação informativa percorreu longo caminho até que fosse compreendida enquanto direito. Sua origem decorre da preocupação, na Alemanha, com "o risco resultante do processamento automatizado de dados" (Mendes, 2022b, p. 35). Assim, esse "novo" direito se manifesta a partir da conjugação do princípio do livre desenvolvimento da personalidade com o princípio da dignidade humana, constituindo esse direito em um verdadeiro poder do titular de "determinar sobre a coleta e utilização de seus dados pessoais" (Mendes, 2022b, p. 35). Trata-se, assim, de um direito que "se encontra em uma relação de continuidade com a concepção do direito da personalidade geral" (Mendes, 2022b, p. 40).

Se há, pois, tamanha proteção e promoção da personalidade e da autonomia individual outorgada ao titular para (auto)determinar o destino de seus dados pessoais, por que não estender essa autonomia para o campo da lei aplicável? Por que não, afinal, dar ao titular dos dados a opção de escolher a que lei sujeitar o processo de tratamento de seus dados?

O Direito Internacional Privado está equipado de ferramentas que permitem esse exercício de autonomia privada. Na realidade, nas relações comerciais internacionais, a autonomia da vontade se apresenta enquanto princípio, merecendo destaque a Convenção da Haia, na perspectiva jurisdicional, e, na perspectiva substantiva, a Convenção Interamericana sobre Direito Aplicável aos Contratos Internacionais aprovada no México, em 17 de março de 1994, cujo artigo 5º determina que "o contrato rege-se pelo direito escolhido pelas partes".

Em que pese esses permissivos legais, deve-se reconhecer que a jurisprudência brasileira é um tanto vacilante no que concerne à admissão das cláusulas de eleição de lei aplicável, havendo esparsos casos em que elas são admitidas pelo Poder Judiciário (Araujo, 2008, p. 36; 2011, p. 255).

Todavia, a relação obrigacional estabelecida entre titular e agente de tratamento de dados – *business-to-consumer* ou B2C –, ou entre agentes de tratamentos de dados – B2B – não necessariamente deve se reportar ao foro estatal. Há outros mecanismos adequados de solução de controvérsias que são, a cada dia, mais utilizados no âmbito da *infosfera*.

A esse respeito, Faye Wang relembra da arbitragem e mediação online (2010, p. 188–189). Já Ricardo Dalmaso Marques pontua, com apoio em Cândido Dinamarco, que "há – e se pode ainda criar – portas mais adequadas, mais eficientes que também representem um maior acesso à justiça para certos conflitos" (2019, p. 2). E, nesse sentido, prossegue o autor, os "métodos de resolução de disputas *online*", chamados ODR, despontaram, inicialmente, como métodos adequados de solução de conflitos que se utilizam das TICs em seu processamento e, *pari passu*, foram evoluindo ao ponto de encaixarem a tecnologia como a "quarta parte" no tradicional tripé jurisdicional (demandante, demandado e juiz). Caberia a essa quarta parte, então, a "gestão do procedimento e de estabelecimento da agenda, efetivamente guiando os litigantes a uma solução consensual, quando possível" (2019, p. 4).

No Brasil, os ODRs são admitidos e encontram suporte tanto no regramento de arbitragem, quanto de mediação. A arbitragem permite às partes signatárias de determinada convenção de arbitragem ou de mediação que escolham a lei aplicável à resolução do conflito. Assim dispõe a Lei de Arbitragem, em seu artigo 2º, §1º outorgando às partes a faculdade de "escolher, livremente, as regras de direito que serão aplicadas na arbitragem, desde que não haja violação aos bons costumes e à ordem pública". Trata-se de dispositivo que segue um movimento de liberalização em prol da outorga às partes e, em última análise, aos árbitros do poder de determinação de lei aplicável (Gaillard, 2008, p. 158).

Portanto, parece evidente que as partes envolvidas em uma relação obrigacional que tenha por objeto dados pessoais possam se valer da arbitragem, mediação ou de outros ODR's para a resolução das eventuais contendas dela decorrentes. Isso não implicaria prejuízo ao acesso à justiça, mas, ao contrário, poderia aumentar o grau de atendimento desse princípio. Com efeito, a partir de uma leitura instrumental da teoria do processo, é possível reconhecer que o acesso à justiça se compõe, fundamentalmente, de uma preocupação com a efetividade da jurisdição, seja ela proveniente de um ultrapassado monopólio estatal, seja proveniente de outras vias, privadas ou internacionais (Marques, 2019, p. 2)[94].

Nada obstante, serão necessárias salvaguardas, em especial para a tutela dos direitos do titular dos dados pessoais, e, como se viu, à autodeterminação informativa. Nessa perspectiva, as salvaguardas devem permitir que tal autodeterminação seja executada em toda a sua plenitude, evitando que se transforme em um direito "de papel", a um mito. Para tanto, será

[94] A teoria de Cândido R. Dinamarco sobre a instrumentalidade do processo não é uníssona, havendo quem a coloque como fundamento de um ativismo judicial incompatível com o estado de direito. Para os fins dessa obra, a teoria da instrumentalidade do processo foi invocada para ilustrar a motivação para o surgimento das ODRs. Sobre as críticas à teoria, confira o ensaio de Carolina Nobre Castello Branco e Nestor Eduardo Araruna Santiago (Branco; Santiago, 2020).

necessário que o titular tenha ferramentas para exercer, com capacidade plena, sua "aptidão de decidir sobre as consequências e a extensão do tratamento de seus dados pessoais" (Grossi, 2023, p. 160).

Essas ferramentas podem ser divididas em duas categorias: formais e materiais. As formais se consubstanciam em condições impostas pela legislação para que o ato de submissão do litígio ao ODR seja eficaz. Nesse aspecto, a Lei de Arbitragem já pontua requisitos rígidos para a eficácia de convenções de arbitragem inseridas nos contratos de adesão, requerendo que elas partam da iniciativa do aderente ou sejam submetidas a seu consentimento expresso, o qual se verificaria desde que a convenção seja lavrada "por escrito em documento anexo ou em negrito, com assinatura ou visto especialmente para essa cláusula" (artigo 4º, §2º da Lei de Arbitragem). Trata-se de critério de eficácia da convenção, de sorte que, descumpridos os requisitos, terá o aderente o direito de formular seus pleitos perante o Poder Judiciário.

No tocante aos conflitos envolvendo o titular de dados pessoais, será necessário investigar se uma proteção à camada de eficácia do negócio jurídico seria suficiente, ou se caberia ampliar para a validade do próprio consentimento já que, inserido no direito de autodeterminação informativa estão uma série de requisitos para esse consentimento "como a liberdade, a transparência e a especificidade" (Mendes, 2014).

As ferramentas materiais seriam aquelas que permitiriam o efetivo controle, do titular dos dados, a respeito da forma de resolução de conflitos oriundos de seus dados pessoais, através de regras procedimentais mínimas a incidir sobre a resolução dos conflitos via ODRs. Daniel Arbix aponta que:

> [...] organizações internacionais e entidades privadas construíram diretrizes ou princípios a serem seguidos por mecanismos de ODR. Grosso modo, tais empreendimentos buscam orientar o design dos sistemas de resolução de controvérsias que os incorporam. Centram-se, para isso, em tópicos de justiça procedimental, como igualdade das partes, independência e imparcialidade, publicidade e coerência das decisões, contraditório e defesa técnica, por meio de documentos não vinculantes, como cartas de princípios, leis-modelo e guias legislativos (Arbix, 2015, p. 140).

A Organização dos Estados Americanos e a União Europeia possuem iniciativas nesse sentido. No contexto europeu, e com força de lei, o Regulamento nº 524/2013 do Parlamento Europeu e do Conselho sobre a Resolução de Litígios de Consumo em Linha aprovada em 21 de maio de 2013 cria, sob os auspícios da Comissão Europeia, uma plataforma digital com objetivo de resolver controvérsias envolvendo direitos do consumidor. No mesmo sentido, verifica-se, no Brasil, a Plataforma "Consumidor.gov", embora, neste último caso, refira-se exclusivamente a esforços de composição amigável e não propriamente de resolução jurisdicional de controvérsias.

Outra salvaguarda se coloca em benefício das autoridades públicas. Afinal, a escolha de lei não pode servir de refúgio para defraudar os sistemas jurídicos envolvidos, tampouco perpetrar ilegalidades. Por esse motivo, os ordenamentos jurídicos em questão devem reter sua capacidade de coibir abusos, investigá-los e puni-los, o que se faz a partir das regras de jurisdição internacional.

Ao fim e ao cabo, há amplo espaço para desenvolvimento de ferramentas que possam ser escolhidas pelo titular dos dados pessoais para resolução de conflitos oriundos de seus direitos previstos na LGPD. A escolha desse método de resolução de conflito, assim como da lei aplicável, constituiu em saídas importantes para se evitar o problema da aplicação normativa de múltiplas leis de proteção de dados pessoais.

4.4.2. A Proteção do titular em primeiro plano

Como se viu o Capítulo antecedente, a autodeterminação informativa contempla um rol de prerrogativas à disposição do titular dos dados pessoais para estabelecer os caminhos autorizados para o uso de seus dados. Enquanto direito, a autodeterminação informativa se relaciona intimamente com o princípio da dignidade da pessoa humana. Para Ingo Wolfgang Sarlet essa relação se apresenta em duas formas: uma delas está no "livre desenvolvimento da personalidade e de direitos especiais de personalidade conexos, de tal sorte que a proteção dos dados pessoais envolve também a salvaguarda da possibilidade concreta de tal desenvolvimento, para o qual a garantia de uma esfera privada e íntima são indispensáveis" (SARLET, 2022b, p. 68–69). A segunda está refletida na "noção de autonomia" (SARLET, 2022b, p. 68).

É dessa noção de autonomia que se apresenta a possibilidade da escolha da lei aplicável, da mesma forma como se dá com a escolha do método de solução de conflitos. Trata-se, em verdade, de estabelecer "novas fronteiras para a autonomia privada em sua tarefa de ser instrumento para a efetivação das liberdades individuais" (DONEDA, 2022, p. 100).

Todavia, quando não houver essa escolha, ou quando ela não puder ser aperfeiçoada em virtude de vícios de consentimento, ou do descumprimento dos outros permissivos para tratamento de dados pessoais previstos na LGPD, será necessário estabelecer um caminho que permita uma determinação normativa mais compreensível ao titular dos dados pessoais e, a fortiori, aos agentes de tratamento de dados pessoais.

No terceiro Capítulo desse trabalho demonstrou-se as atecnias presentes nas regras de aplicação normativa da LGPD e o forte risco de aplicação cumulada com outras leis.

De um lado, pode não ser possível escapar dessa múltipla incidência normativa, o que, a rigor, é efeito do fenômeno das fronteiras e, sobretudo, das corridas regulatórias em matéria de proteção de dados pessoais e das amplas regras de jurisdição internacional.

De outro lado, é possível e necessário analisar a questão em busca de traçar contornos mais claros às regras de aplicação normativa, que podem, até mesmo, vir a subsidiar normas complementares à LGPD. Isso favorece a difusão da proteção de dados, não só porque permite uma compreensão mais clara das hipóteses de aplicação normativa, mas (e sobretudo) porque permite refletir sobre a questão na perspectiva do pluralismo legal e dos "critérios de legitimidade" de decisões jurisdicionais com efeitos extraterritoriais (CARVALHO, 2021, p. 159).

Pluralismo legal que, como já se viu, apresenta-se como forma de reconhecer o outro sistema jurídico, doméstico, internacional ou não-estatal, bem assim as novas formas de solucionar conflitos. Busca, afinal, reconhecer "matizes que incluam não somente a forma da lei porém abranja outras possibilidades como a utilização da *soft law* e de cláusulas gerais, aliadas a um trabalho conjunto com outras esferas do ordenamento" (DONEDA, 2022, p. 100).

Com base nisso, propõe-se revisitar as hipóteses de aplicação normativa, tendo em conta uma premissa fundamental: o caráter existencial da proteção de dados pessoais.

Com efeito, há muito já se afastou de uma concepção proprietária dos dados pessoais, segundo as quais eles seriam bens sobre os quais seu proprietário poderia dispor irrestritamente. Como Ana Frazão sintetiza, embora haja, sem dúvida, uma interface proprietária ou econômica à proteção de dados, "o eixo valorativo da LGPD é a proteção da pessoa humana e de suas situações existenciais relevantes, o que deve ser levado em consideração para a interpretação de todas as suas demais disposições" (2019, p. 104). Danilo Doneda, no mesmo sentido, reconhece que:

> Considerar a informação como um bem jurídico e estender a tutela de caráter patrimonial para os dados pessoais, no entanto, não parece uma solução adequada, em vista da multiplicidade de situações e interesses presentes em torno dos dados pessoais, que não se limitam a vetores patrimoniais e que seriam irremediavelmente prejudicados se considerados apenas – ou majoritariamente – a partir de seu valor econômico (DONEDA, 2020, p. 145).

Para reconhecer seu viés existencial, mais atrelado aos direitos da personalidade, Laura Schertel Mendes faz conclusiva análise a respeito do direito fundamental à proteção de dados e sua conjugação com o direito brasileiro do consumidor e aponta três inconsistências na concepção proprietária de dados pessoais. Primeiro, essa concepção pressuporia uma inevitável desigualdade entre aqueles que detêm mais propriedade e outros que teriam menos propriedade sobre dados pessoais. Isso conduziria ao segundo argumento da autora, de que essa projeção de desigualdade implicaria "supressão da individualidade", a partir de indivíduos que buscariam forjar "a sua personalidade e a realizar determinados tipos de atividades de modo a se conformar ao que o mercado deseja" (MENDES, 2014). Por fim, essa concepção resultaria em um déficit democrático, pois, ao substituir a proteção de dados por um modelo proprietário (de mercado) "nem todos os cidadãos teriam mais a garantia de proteção de sua personalidade e privacidade, ameaçando a liberdade de comportamento, pensamento e ação do indivíduo e comprometendo, assim, o próprio funcionamento da democracia" (MENDES, 2014).

A corroborar esse entendimento, a Comissão Especial constituída para dar parecer ao Projeto de Lei 4.060 de 2012 que veio a ser convertido na LGPD[95] deixa claro o entendimento dos legisladores de que a proteção de dados pessoais afeta, diretamente, "os direitos humanos, o desenvolvi-

[95] Referido projeto de lei incorporou outros projetos que estavam tramitando nas casas do Congresso Nacional, em especial o Projeto de Lei nº 5.276-A, de 2016, de autoria do Ministério da Justiça, e originado de discussões e audiências realizadas na Secretaria Nacional do Consumidor em 2010 e 2015.

mento da personalidade e dignidade e o exercício da cidadania". De igual forma, mais à frente, a Emenda Constitucional nº 115 agregou ao rol de direitos fundamentais previstos na Constituição Federal "o direito à proteção de dados, inclusive nos meios digitais". Como se verifica na justificação do Projeto de Emenda à Constituição nº 17, de 2019, a proteção de dados pessoais teria uma "autonomia valorativa", que lhe recomendaria "tornar-se um direito constitucionalmente assegurado" (BRASIL, 2019), inspirando-se nos exemplos português, polonês, estoniano e chileno[96].

Nesse aspecto, perde relevância a discussão sobre a configuração da proteção de dados enquanto direito de personalidade, direito humano ou direito fundamental, como aliás reconhecido por Carlos Alberto Bittar[97]. O essencial é, a partir dessa concepção da proteção de dados enquanto direito fundamental e existencial, buscar revisitar os critérios de aplicação normativa definidos pela LGPD.

4.4.2.1. Domicílio do titular *(lex domicilii)*

Volte-se, pois, ao Direito Internacional Privado e, em especial às Normas de Introdução ao Direito Brasileiro. No contexto do chamado "estatuto pessoal" estão as normas que regem o estado e a capacidade da pessoa. Capacidade enquanto aptidão para exercer direitos[98]. Estado como a "totalidade dos atributos que integram sua individualidade jurídica e aos quais o ordenamento reconhece ou confere determinados direitos, impondo, igualmente, deveres jurídicos" (Basso, 2020, p. 280). Nesse contexto incluem-se os direitos da personalidade, seja por uma derivação da capa-

[96] Além dessa justificativa, o projeto em questão visa também dar caráter constitucional à proteção de dados, com objetivo de evitar a profusão de normas estatuais a respeito do tema.

[97] Segundo o autor. "[n]a visão contemporânea, que encontra no princípio da dignidade da pessoa humana (Declaração Universal de 1948; Constituição Federal de 1988) a sua principal escora, teórica e prática, que atravessa o ordenamento em todos os seus quadrantes, não importa se na ordem privada ou pública, torna obsoleta a tentativa de consolidar uma diferenciação tão vincada entre ambos os ramos da ciência do direito. Por isso, pode-se perceber, nas últimas duas décadas, uma tendência à consolidação da visão de que a dicotomia entre o público e o privado cedeu lugar para uma fundamentação unificada da luta por efetividade dos direitos no sentido da plena realização da dignidade da pessoa humana, em suas diversas manifestações" (Bittar, 2015, p. 60).

[98] Para Carlos Alberto Gonçalves, enquanto a personalidade é "a aptidão genérica para adquirir direitos e contrair obrigações ou deveres na ordem civil", a capacidade "é a medida da personalidade", isto é, "afirmar que o homem tem personalidade é o mesmo que dizer que ele tem capacidade para ser titular de direitos" (Gonçalves, 2018, p. 50).

cidade que, como se viu, "é a medida da personalidade" (Gonçalves, 2018, p. 50), seja por uma derivação da "individualidade jurídica", que se concretiza a partir do exercício da autonomia, dentro da qual está a autodeterminação informativa.

Nesse sentido, tratando-se de questão atinente ao estatuto pessoal e à personalidade, a regra primordial do direito brasileiro é a aplicação da lei do domicílio da pessoa, "uma das mais importantes regras de conexão no sistema de direito internacional privado brasileiro". O domicílio, afinal, rememorando Savigny, "é o principal elemento do chamado centro de gravidade da relação, vale dizer, o principal ponto de contato desta com determinada ordem jurídica" (Basso, 2020, p. 279).

Segundo essa perspectiva, a lei do domicílio do titular do dado pessoal será aplicada aos casos em que ele seja prejudicado pela conduta de um agente de tratamento de dados pessoais, independentemente de onde esse agente esteja estabelecido ou domiciliado ou, ainda, do local onde o prejuízo se verificou, ou, ainda, do local ou dos locais onde os dados pessoais objeto da conduta ilícita estejam localizados ou tenham sido requisitados.

Essa regra padrão não está expressamente prevista na LGPD. Todavia, é possível concebê-la, em determinados cenários, de maneira indireta, a partir das hipóteses previstas no artigo terceiro da LGPD.

Com efeito, se o titular estiver no Brasil no momento do tratamento, aplicar-se-á a LGPD, seja por força da parte final do inciso II ("a atividade de tratamento tenha por objetivo o tratamento de dados de indivíduos localizados no território nacional"), seja por força do inciso III ("os dados pessoais objeto do tratamento tenham sido coletados no território nacional"), tendo em conta o parágrafo primeiro do referido artigo.

A aplicação indireta da regra do domicílio está em que, como se viu, a lei trata do local do indivíduo e não de seu domicílio. Não seria suficiente, contudo, eis que não admitiria proteção da LGPD, a coleta de dados pessoais de indivíduo domiciliado no Brasil, mas em trânsito na União Europeia, com objetivo de oferecer-lhe serviços em território europeu. Nesse caso, a lei aplicável à atividade de tratamento seria o RGPD, a despeito de o titular ser domiciliado no Brasil.

Para uma proteção ampla de um direito alçado à condição de direito fundamental e com claras conotações existenciais, parece que a opção legislativa pode ter deixado desguardadas determinadas situações jurídicas envolvendo indivíduos domiciliados no Brasil.

Não se deve olvidar que uma ampliação do rol de hipóteses de aplicação normativa da LGPD poderia gerar efeitos negativos, seja perante os demais Estados com os quais o Brasil mantém relações diplomáticas e comerciais, seja, na perspectiva privada, perante os investidores estrangeiros que podem se sentir acuados em investir em um local com estrutura normativa tão abrangente.

A questão está, mesmo, em escolher um modelo normativo que seja apropriado ao Brasil, que não meramente reproduza outras normas, tampouco incorpore, sem os devidos ajustes, institutos jurídicos nascidos e desenvolvidos no exterior. Portanto, há um papel da ANPD de intermediar e conformar a presença e a influência dos mecanismos de autorregulação e das outras leis de proteção de dados. Do contrário, como pontua Ana Frazão, é "grande o risco de que as soluções de mercado sejam aquelas impostas unilateralmente pelos agentes econômicos mais poderosos e que acabem dominando todos os outros meios de integração social, inclusive o direito" (2019, p. 105).

Não quer isso dizer que a visão plural aqui revigorada fique prejudicada. Ao contrário, o que se extrai dessa pesquisa é que, ao revisitar os requisitos de aplicação normativa, o Direito Internacional Privado possa servir de aliado nesse processo de intermediação e conformação, em que o risco dessa captura regulatória pelas soluções de mercado referidas por Ana Frazão não ofusque outros diversos esforços de autorregulação que merecem ser reconhecidos pela LGPD, em especial pela ANPD, como será tratado no próximo (e último) Capítulo desse livro.

4.4.2.2. Local do ato e local do dano *(lex loci actus e damni)*

Como hipótese subsidiária à lei do domicílio do titular, o local onde se manifestam os efeitos da conduta ilícita também possui importante papel no desincentivo ao descumprimento normativo. A lei do local do dano é, em regra, a aplicada "para reger a obrigação de indenizar a quem foi atingido pela conduta delitiva" (Wachowicz; Reusing, 2020, p. 608).

Há um papel relevante em tê-la como elemento de conexão, em especial nas indenizações extracontratuais. É, afinal, o símbolo da robustez normativa de um Estado que não se presta a sofrer os efeitos de condutas lesivas sem investigá-los e puni-los, mediante aplicação de seu quadro normativo.

Nesse ponto, também, a LGPD, de maneira indireta, dispõe sobre essa hipótese de aplicação normativa. Com efeito, diante da amplitude do conceito de tratamento de dados, é provável que o local do dano coincida com o local do tratamento dos dados pessoais ou com o local do titular do dado pessoal (ou seu domicílio, na leitura que se fez anteriormente), ou, ainda, com o local do estabelecimento do agente de tratamento de dados pessoais.

A questão crucial no tocante a esse segundo critério diz respeito à caracterização do prejuízo, ou melhor, na exteriorização de seus efeitos.

Diante de coleta de dados pessoais de indivíduo domiciliado no Brasil, mas em trânsito na União Europeia, com objetivo de oferecer-lhe serviços em território europeu, incidiria a LGPD se o prejuízo decorrente da atividade de tratamento se materialize no Brasil, seja porque foi neste país que o usuário tomou conhecimento do ilícito, seja porque foi neste país que o titular teve acesso às ferramentas de tecnologia que lhe permitiriam conhecer tal infração.

O resultado independe do local do tratamento dos dados e, por igual, do estabelecimento do agente de tratamento de dados. Esse enquadramento normativo está, com os devidos ajustes, previsto no Marco Civil da Internet, em especial no seu artigo 11, §§1º e 2º, que, por sua relevância, merecem ser transcritos:

> Art. 11. Em qualquer operação de coleta, armazenamento, guarda e tratamento de registros, de dados pessoais ou de comunicações por provedores de conexão e de aplicações de internet em que pelo menos um desses atos ocorra em território nacional, deverão ser obrigatoriamente respeitados a legislação brasileira e os direitos à privacidade, à proteção dos dados pessoais e ao sigilo das comunicações privadas e dos registros.
>
> § 1º O disposto no caput aplica-se aos dados coletados em território nacional e ao conteúdo das comunicações, desde que pelo menos um dos terminais esteja localizado no Brasil.
>
> § 2º O disposto no caput aplica-se mesmo que as atividades sejam realizadas por pessoa jurídica sediada no exterior, desde que oferte serviço ao público brasileiro ou pelo menos uma integrante do mesmo grupo econômico possua estabelecimento no Brasil.

O dispositivo em questão faz aplicar a norma aos agentes de tratamento de dados sediados no estrangeiro, desde que os dados sejam coletados no território nacional, ou que um dos terminais esteja localizado no Brasil, ou quando a atividade visar a oferta de serviço ao público brasileiro, ou, ainda, quando a empresa estrangeira possuir estabelecimento no Brasil.

Comentando tal dispositivo, Lucas Borges de Carvalho pontua que "o objetivo dessas regras é o de assegurar que as condutas e os direitos de usuários brasileiros sejam respeitados na rede e julgados conforme parâmetros aqui fixados" (2021, p. 189).

A proposição de ter o local do dano como hipótese de aplicação normativa é menos abrangente. Não se trata, aqui, de condutas realizadas no Brasil, mas de que os efeitos dessas condutas sejam manifestados no país. Isso torna a hipótese restrita a um menor número de casos, reduzindo seus efeitos regulatórios, de um lado e, de outro, reforçando a essencialidade da proteção de dados pessoais enquanto direito fundamental.

Uma pergunta surge a partir dessa constatação: como lidar com o direito fundamental daqueles que, embora não domiciliados no Brasil, aqui estejam no momento do tratamento de seus dados pessoais? Há, nesse caso, a possibilidade de se aplicar a LGPD enquanto lei vigente no local do ato jurídico "para reger sua substância" (Wachowicz; Reusing, 2020, p. 609).

A LGPD é clara ao dispor esse critério de aplicação normativa, ao prever sua incidência quando a atividade de tratamento for realizada no Brasil. Não há, assim, maiores discussões sobre sua viabilidade e aceitação jurídica.

Em conclusão, se o titular é prejudicado e/ou sofre dano em virtude de uma conduta cometida pelo agente de tratamento de dados, o Estado no qual a infração se deu ou o dano foi experimentado possui conexão robusta com o caso. Dessa forma, caberia propor um ajuste à norma segundo a qual o local do titular (e não domicílio) seria suficiente para atrair a aplicação da LGPD, de modo a indicar que essa aplicação dependeria da demonstração de que neste país estava o titular no momento da infração ou em que suportou o dano.

Esse complemento seria compatível com os demais elementos de aplicação normativa previstos no artigo terceiro da LGPD, promovendo um sistema de proteção integral contra violação de dados, mas sem a abrangência mundial que a doutrina especializada vem criticando[99] e com a qual essa obra se filia.

Como resultado da revisão dos critérios de aplicação normativa da LGPD, parece válido complementar a síntese esquemática e comparativa

[99] Segundo Thomas Hoeren e Stefan Pinelli, professor e advogado com formação alemã, diferente do RGPD, a LGPD teria "uma espécie de princípio de direito mundial, segundo o qual qualquer contato com o Estado do Brasil desencadeia a aplicação da lei brasileira de proteção de dados" (Hoeren; Pinelli, 2020, p. 28).

realizada no Capítulo Terceiro dessa obra, voltando-se exclusivamente à lei brasileira, como forma de amparar as reflexões que se farão no próximo Capítulo.

Tabela 2 – Síntese propositiva para a incidência da LGPD

Cenário	Artigo 3º, LGPD	Síntese propositiva
Tratamento realizado no Brasil	Terá incidência obrigatória, independentemente da nacionalidade, domicílio ou localização do titular, ou do agente de tratamento dos dados, ou, ainda, do local do dano ou da infração.	*Lex loci actus*: LGPD incidirá por ser no Brasil o local de realização da atividade.
Tratamento realizado fora do Brasil	Será aplicável, caso a atividade de tratamento vise oferecer bens ou serviços no Brasil, ou, ainda, caso os dados objeto de tratamento sejam de pessoas localizadas no Brasil.	*Lex loci damnum:* LGPD incidirá, caso o dano, ou seus efeitos, sejam suportados no Brasil. *Lex domicilii:* LGPD incidirá, caso o titular seja domiciliado no Brasil.
Titular localizado no Brasil	Incidirá obrigatoriamente, por força da parte final do inciso II.	*Lex loci actus*: LGPD incidirá se a atividade de tratamento for realizada no Brasil; ou *Lex loci damnum:* LGPD incidirá, caso o dano, ou seus efeitos, sejam suportados no Brasil; ou *Lex domicilii:* LGPD incidirá, caso o titular seja domiciliado no Brasil.

Cenário	Artigo 3º, LGPD	Síntese propositiva
Titular localizado fora do Brasil	Será aplicável se houver tratamento no Brasil, ou se a atividade de tratamento visar oferecer bens ou serviços no Brasil.	*Lex loci actus*: LGPD incidirá se a atividade de tratamento for realizada no Brasil. *Lex loci damnum:* LGPD incidirá, caso o dano, ou seus efeitos, sejam suportados no Brasil. *Lex domicilii:* LGPD incidir, caso o titular seja domiciliado no Brasil.
Bens ou serviços oferecidos no Brasil	Incidência obrigatória, independentemente do local do tratamento, da nacionalidade ou domicílio do titular.	*Lex loci actus*: LGPD incidirá, pois a atividade é realizada no Brasil.
Bens ou serviços oferecidos fora do Brasil	Incidirá somente se a atividade de tratamento for realizada no Brasil, aí incluindo a mera coleta.	*Lex loci actus*: LGPD incidirá se a atividade de tratamento for realizada no Brasil. *Lex loci damnum:* LGPD incidirá, caso o dano, ou seus efeitos, sejam suportados no Brasil. *Lex domicilii:* LGPD incidirá, caso o titular seja domiciliado no Brasil.

Fonte – preparado pelo autor.

4.4.3. O Papel da ANPD

O que se propôs discutir nessa obra foram os modelos regulatórios de proteção de dados com dois recortes: um espacial, a comparação entre duas legislações específicas de proteção de dados pessoais; e outro material, as regras de aplicação normativa dessas legislações.

Emerge das discussões aqui travadas que, ao lado do quadro normativo estatal, caminham normas de origem não-estatal ou de origem internacional. Essas normas compõem o conceito abrangente de autorregulação e possuem variados matizes, desde aquelas que prescindem de qualquer iniciativa estatal em sua formação, como o direito dos povos originários (que precede à própria noção de Estado), passando por aquelas em que as autoridades públicas delegam ao particular o poder normativo sobre determinadas questões, "mas trabalham de forma reguladora para garantir que o bem comum seja (também) observado ou especificamente perseguido" (Hoffmann-Riem, 2022, p. 167) – como no caso das normas corporativas globais antes citadas, até aquelas normas que passam por uma chancela, em que o estado determina a relevância de tal ato normativo privado – como no caso dos selos e certificações, também falados acima.

Há, afinal, uma governança multinível da *infosfera* e, particularmente para a presente pesquisa, do regime de proteção dos dados pessoais. Multinível porquanto "dependente de elementos de colaboração de agentes diversos [...] em um processo de coerência, que requer ratificação e coordenação multinível" (Almeida; Filgueiras, 2021, p. 82).

Em outra perspectiva, é necessário cogitar soluções que permitam a interoperabilidade dos sistemas de proteção de dados, cujo efeito prático será que, indiretamente, a interpretação ofertada na legislação estrangeira será dada observando o *outro* ordenamento jurídico, suas preocupações e seus princípios e buscando os conceitos comuns compartilhados por ambos os ordenamentos (Santosuosso; Malerba, 2014, p. 57).

Caberá aos intérpretes da LGPD buscar a coordenação entre esses esforços normativos muitas vezes difusos, tendo na lei sua base elementar e na ANPD sua principal ferramenta de coordenação e correção de desvios. Essa tarefa deve ser feita sem ingenuidades, pensando nas diferentes formas de diálogo (e nos seus correspondentes efeitos) para que as previsões da LGPD não sejam neutralizadas (Frazão, 2019, p. 126).

Seja qual for o patamar de colaboração, é necessário que ela reconheça essa multiplicidade normativa e apresente ferramentas que não apenas tolerem, mas que admitam, com a hospitalidade típica do cosmopolitismo, os sistemas de autorregulação. Emerge daí uma relevante dúvida: como essa colaboração pode se dar no contexto da aplicação normativa?

A primeira delas envolverá o reconhecimento jurídico das cláusulas de escolha de lei aplicável em matéria de proteção de dados pessoais, como elaborado na subseção 4.4.1 acima.

A segunda já ocorre a partir da admissão, pela própria LGPD, de elementos normativos privados, ou não-estatais, como justificadores de determinadas atividades de tratamento, especialmente envolvendo a transferência internacional de dados, como se discorreu na subseção 4.3.1 acima.

A terceira terá lugar quando, dentro de sua competência regulatória, por intermédio das chamadas "ações de normatização" previstas no artigo 3º, I da Portaria 16, especialmente a partir da edição de atos normativos e da tomada de subsídios, a ANPD exercer sua capacidade regulatória.

De fato, a ANPD se mostrará aberta à cooperação ao levar em conta a experiência de outras legislações estatais e, sobretudo, dos normativos não-estatais, ao regular o direito de acesso do titular (artigo 9º da LGPD), o compartilhamento de dados sensíveis (artigo 11, §3º da LGPD), as práticas de segurança da informação para fins de compartilhamento de dados para estudos ou órgãos de pesquisa (artigo 13 da LGPD), o acesso a dados de saúde pública (artigo 13, §3º da LGPD), a portabilidade de dados (artigo 18, V da LGPD), a revogação do consentimento (artigo 18, §5º da LGPD), o compartilhamento de dados de empresa pública para empresa privada (artigo 27, parágrafo único da LGPD), o critério de adequação para fins de autorização de transferência internacional de dados pessoais (artigo 34, IV da LGPD), a forma e o conteúdo do relatório de impacto de proteção de dados (artigo 38 da LGPD), e os critérios de segurança e sigilo de dados (artigo 49 da LGPD).

Especificamente no contexto da aplicação normativa da LGPD, caberá à ANPD desenvolver uma estratégia para corrigir as distorções causadas pelos erros conceituais e redacionais do artigo terceiro da LGPD, conforme identificados no Capítulo Terceiro dessa obra.

Além disso, não se pode descurar do papel do Poder Judiciário, como intérprete da lei, e da participação da ANPD, de maneira estratégica, nos casos que envolvam questões relevantes da LGPD. Isso se vê com frequência na jurisprudência do TJUE sobre proteção de dados pessoais, em que há clara demonstração de receptividade aos ordenamentos jurídicos estrangeiros (embora não se fale, a rigor, de sistemas normativos privados).

Veja-se, por exemplo, o Processo nº C-507/17, envolvendo Google e CNIL. Se, de um lado, o TJUE foi incisivo ao caracterizar a situação jurídica como inserida no âmbito de aplicação do RGPD, de outro lado foi igualmente direto ao limitar os efeitos normativos do RGPD para website com domínios registrados nos Estados-Membro.

Ao justificar essa limitação, cabe notar, o TJUE deixou claro sua preocupação com os ordenamentos jurídicos estrangeiros. Em primeiro lugar, ele constatou na decisão que a questão ali debatida – o direito de supressão de referências – não era absoluto, cabendo, mesmo no ambiente europeu, ponderá-lo com outros direitos fundamentais insculpidos nas leis europeias. Em segundo lugar, o acórdão consignou que essa supressão de referências deve se limitar aos domínios europeus, seja porque "instrumentos e mecanismos de cooperação não estão previstos no direito da União para efeitos do âmbito de uma supressão de referências fora da União", seja porque em "numerosos Estados terceiros o direito à supressão de referências não existe ou é objeto de uma abordagem diferente" ("Google, Inc v. CNIL", 2019, parag. 59–63).

Dos trechos ora destacados, emerge o reconhecimento do TJUE de que o sistema europeu de proteção de dados coexiste com outros sistemas, os quais podem não compartilhar das mesmas premissas e razões jurídicas para a proteção de dados pessoais. Nesse sentido, o TJUE reconhece que o efeito extraterritorial de suas decisões com respeito aos direitos materiais previstos no RGPD depende de instrumentos de cooperação.

Enfim, seja na tomada de subsídios, na realização de audiências públicas, na edição de atos normativos propriamente ditos, ou na atuação contenciosa estratégica, a ANPD possui importância fundamental na abertura da LGPD aos demais regimes de proteção de dados pessoais e às leis não-estatais. Essa abertura, por óbvio, não implicará submissão ao direito alheio, mas sim uma escuta ativa e atenta dessas outras experiências jurídicas, na perspectiva do pluralismo legal e do cosmopolitismo, com incorporação à legislação brasileira daquilo que, a seu critério, fizer sentido normativo, observadas as peculiaridades políticas, econômicas[100], culturais, sociais e jurídicas brasileiras.

Mesmo se deparando com eventuais atualizações normativas que não possam ser implementadas via regulamentação infralegal, como as supra-

[100] Do ponto de vista econômico, é importante considerar que um sistema normativo muito complexo de proteção de dados pode desincentivar a concorrência, a abertura de mercados e, afinal, a inovação. Em campos onde o uso de dados é intensivo e, por isso, a conformidade com a legislação de proteção de dados é imperativa, a multiplicidade de leis pode funcionar com uma barreira à entrada de novos incumbentes, conforme cunhada por Michael Eugene Porter, em 1979. De fato, estudos econômicos confirmam essa tendência negativa e, até mesmo, que a profusão de regulações pode beneficiar as grandes corporações de uso intensivo de dados, em detrimento das pequenas e médias empresas. Segundo eles, o elevado custo para cumprimento dessas normas favorece aquelas que possuem estrutura e capital para cumpri-las, em especial as regras restritivas de consentimento do titular e seus efeitos extraterritoriais. Afinal, "ao contrário de aumentar a concorrência, a natureza dos custos de transação derivados da regulação de privacidade sugere que essa regulação pode ser anticompetitiva" (Campbell; Goldfarb; Tucker, 2015, p. 47–48).

citadas, a ANPD também terá o importante papel de sensibilizar os legisladores da eventual necessidade dessas atualizações, contando, nesse caso, e dentro de seu papel institucional de coordenação, com o apoio da sociedade civil organizada e daqueles que se interessarem pela matéria e puderem com ela contribuir.

Concluída a Segunda Parte desse trabalho, restaram identificados como a LGPD e o RGPD estão estruturados para lidar com conflitos normativos, quais seriam os ajustes necessários para que a LGPD se mostre adequada às peculiaridades dos dados pessoais e do ambiente, eminentemente plural, da *infosfera,* bem como quais seriam as funções primordiais exercidas pelo Judiciário, Legislativo e, especialmente, pela ANPD, no contexto de regulações complementares com o objetivo de aclarar e aprimorar a LGPD e sua recepção, cosmopolita, aos outros ordenamentos jurídicos.

CONCLUSÕES

Chega-se, enfim, à conclusão desse trabalho. Conclusão que não se prestará a repetir o que se disse acima, mas que proporá uma visão prospectiva do Direito Internacional Privado aplicado à *infosfera*, a partir das reflexões e do tensionamento proposto.

O primeiro ponto a ser realçado é a necessária recuperação das bases do Direito Internacional Privado. Como se viu, mais do que propor soluções para os casos com elementos estrangeiros, esse campo teórico-normativo do direito deve ser visto como um instrumento de gestão da pluralidade de agentes estatais e não estatais com poder normativo próprio, cuja legitimidade não é, no mais das vezes, fruto de uma outorga estatal, mas, ao contrário, fruto do reconhecimento da comunidade que compõe um determinado campo sujeito a autorregulação.

Tratar de Direito Internacional Privado é, assim, falar de pluralismo. Ser plural, contudo, permite diferentes conotações. Algumas mais voltadas para uma tentativa de uniformização e harmonização. Outras, como a aqui propugnada, voltadas para instrumentalizar (criar ferramentas) para que diferentes sistemas jurídicos possam *coexistir* com suas diferenças e especificidades.

O quadro normativo da *infosfera*, independentemente das diferentes alcunhas que recebeu (direito da internet, leis autônomas da internet, lex informatica, direito da computação, dentre outros), é especialmente propenso a uma visão cosmopolita. Essa propensão decorre da multiplicidade de atores normativos, assim como da multiplicidade (infinitude) de ambientes abrangidos pela *infosfera*.

O presente livro tratou de um desses quadros normativos – o direito à proteção de dados pessoais – atento a dois sistemas jurídicos específicos

– o brasileiro e o europeu. Constatou que sobre as abstrações típicas das normas de conflitos de leis, emerge o ser humano como figura central para a aplicação normativa desses dois sistemas jurídicos.

A questão não é simples. Não basta incorporar os paradigmas dos direitos humanos aplicados a outras searas do direito. Com efeito, o próprio conceito de *ser humano* encontra novos significados na *infosfera*. Dados pessoais são autopoiéticos, afinal, já diria Luciano Floridi.

Como organismos informacionais, indivíduos caminham lado a lado com outras formas de pensar. Fala-se, assim, em equipamentos dotados de raciocínio, capazes de *apreender* dados, sintetizá-los, refiná-los e, a partir dessas operações, *aprender* novos conceitos, novas formas de estruturar seus esquemas de raciocínio (Scherer, 2016, p. 373–74). Se o intelecto era algo que distinguia o humano dos outros animais, como conviver com essas novas formas de pensar?

Trata-se de importante desafio, ao qual o Direito Internacional Privado emerge como importante campo dedicado a gerir a multiplicidade de atos normativos que pretenderam tratar da questão.

Importa notar, ademais, que esse desafio alcança novos graus de profundidade e dificuldade quando se nota que a própria estrutura sobre a qual a computação (e a Internet) foram moldadas vem passando, também ela, por um processo de ressignificação. De fato, fala-se em computação quântica e em seu impacto nas diferentes frentes em que direito e computação se entrelaçam. No âmbito da proteção de dados pessoais, anonimização, criptografia, armazenamento e acesso a dados pessoais são fundamentalmente afetados por esse novo modelo de computação (Wimmer; Moraes, 2022, p. 12).

Por fim, e como produto dessa multiplicidade normativa e das soluções engendradas para sua regulação, nota-se a própria ressignificação do acesso à justiça no ambiente virtual. Para além dos, já tradicionais, ODRs, atores privados, especialmente plataformas de redes sociais, estabeleceram seus próprios órgãos judicantes, com objetivo de resolver, *interna corporis*, questões jurídicas que, em última análise, competiriam (ou deveriam competir) a órgãos com força jurisdicional.

Bloqueio de usuários, apagamento e revisão de conteúdo de postagens, são exemplos claros de atos praticados por comitês e conselhos que, como verdadeiros tribunais, afetam os direitos de usuários da Internet. Em que pese essa atuação envolva a proteção contra o discurso de ódio, é necessário examinar a questão na perspectiva da legitimidade democrática e do constitucionalismo digital. De fato, "como a atividade de moderação é realizada pelas próprias plataformas em que o conteúdo tido por danoso é divulgado, as empresas detêm também o poder de controlar diretamente a estrutura utilizada para comunicação, o debate político e as interações sociais" (Marques, 2022, p. 163). Também nesse aspecto, o Direito Internacional Privado pode atuar como gestor dessas diferentes visões, constitucionais ou não, da legitimidade e da normatividade da *infosfera*.

Em conclusão, os esforços de autorregulação da *infosfera* devem caminhar ao lado dos empreendimentos de heterorregulação. A coexistência entre esses diferentes sistemas não deve partir da construção de premissas únicas, ou de limiares mínimos de concretude a princípios postos por determinado sistema (democracia, civilização, proteção a dados, entre outros). Ao revés, será na coexistência que se encontrará caminhos normativos compatíveis e interoperáveis, o que passará, inexoravelmente, por esforços de ressignificação, como o empreendido nessa obra. O Direito Internacional Privado é, e continuará a ser, fundamental nessa procura.

EPÍLOGO

1. Introdução

Uma das formas mais importantes para se entender os aspectos de fluxos de dados é observar o Diagrama do modelo do DAMA-DMBoK. Esse modelo é um dos frameworks de dados mais considerados e aplicados nas empresas no mundo e procura apontar os corpos de conhecimentos mais comuns que definem os conceitos de Governança e Gestão de dados. Os dados são formas abstratas e para melhor entendê-los é fundamental o ajuste e entendimento desses elementos, num foco mais tecnológico.

2. Framework Dama-DMBoK2

A figura 01 mostra o diagrama DAMA-DMBoK2, onde estão os corpos de conhecimentos importantes para se entender todos esses aspectos dos dados. O framework pode ser entendido através das seguintes visões:

- A parte arquitetural dos dados está mais relacionada aos corpos de conhecimentos #1 e # 2 , ou seja Arquitetura de dados e #3-Modelagem&Projetos dos dados. Os dois componentes dão uma visão sobre os dados, suas formas de relacionamento na proporção ou no tipo, melhorando os seus níveis de abstração, do Conceitual ao Físico. A visão conceitual está mais ligada ao entendimento dos negócios pelos seus agentes e a física têm maior viés computacional dedicado aos técnicos da TI;
- A parte mais relacionada à dinâmica e movimentação dos dados está nas fatias #3 e #5, respectivamente associadas ao Armazenamento e Integração& Interoperabilidade de dados. O armazenamento pode requerer movimentações de dados, dentro do ciclo de vida, da sua criação até o seu descarte. A integração e interoperabi-

lidade se relaciona com as formas de movimentação e consolidação dos dados dentro e entre formas de *armazenamento* de dados(data storage) e os *tratamentos e consolidações* aplicadas dentro e entre esses ambientes;

- A parte relacionada à tipificação dos dados, corresponde a sua classificação em formas mais usuais: Dados semi ou não estruturados, representando os documentos, emails, textos, sons, imagens etc , na fatia #6. Os dados Mestres e referenciais, representando os dados estruturados e pilares em conjunto com os dados transacionais da organização, representando os dados "core" das transações de negócio na fatia #7. Além desses, também os dados associados ao ambiente *informacional,* normalmente fruto das transformações dos tipos anteriores, visando tomadas de decisões negociais e habitando estruturas próprias de armazenamentos. Aqui se encaixam os DW&BI(Data Warehouse e Business Intelligence) que representam os dados do ambiente Analytics e de IA-Inteligência artificial, na fatia #8;
- Alma dos dados: A parte representada pelas fatias #4, #9 e #10, pode ser entendida como os elementos essenciais para o bom uso dos dados e está associada a Segurança, Metadados e Qualidade de dados, respectivamente. Esses são elementos "core" da definição e uso de qualquer tipo de dados, sem os quais os dados perderão o seu propósito;

O diagrama DAMA-DMBoK2 é complementado com a função de GD-Governança de dados, que representa o farol e a orquestração sobre as outras partes mencionadas, e está disposta no espaço #11. Ou seja, a GD é uma espécie de Legislativo e Judiciário dos dados aplicada na observação das outras gerências citadas, buscando um acompanhamento através de regras definidas sobre elas e as estruturas envolvendo pessoas e aplicando tecnologia.

3. Contexto dos dados no âmbito dos aspectos de movimentos geográficos

No contexto dos aspectos relacionados com os fluxos de dados transnacionais, todos os corpos de conhecimento se aplicam, mas destacaremos os que mais podem influenciar na qualidade e corretude desses movimentos:

a. DII-Integração e interoperabilidade de dados:
   A Integração e interoperabilidade dos dados está relacionada com a forma como ocorre a movimentação e a consolidação de dados dentro ou entre sistemas/ambientes ou organizações diferentes. A integração consolida dados em formas físicas ou virtuais, acessadas ou processadas pelos sistemas. A interoperabilidade é a habilidade de múltiplos sistemas se comunicarem por localizações diferentes. Por exemplo, uma transferência internacional de dados, ou o processamento de um sistema de compra usando dados armazenados em geografias diferentes são exemplos dessas operações. A interoperabilidade pode ser considerada um dos grandes desafios de dados dos próximos anos, na medida em que os dados crescem em volumes agigantados, se oferecem em formas variadas e se encontram em locais e geografias diversas;
b. Metadados:
   Significa a definição dos dados, dando os contextos devidos que permitem o seu entendimento unívoco e correto, considerando aspectos negociais, operacionais e físicos. Por exemplo, um dado com valor 38, deverá ser devidamente contextualizado para designar uma temperatura corporal, ou um calibre de revólver, um uma idade ou uma distância. Sem esse entorno ao dado, ele não servirá aos seus propósitos, pois carecerá de entendimento;
c. Qualidade de dados:
   Significa os aspectos que definem o estado dos dados, com relação a certas dimensões de qualidade como precisão, completude, integridade, consistência, temporalidade etc., que garantem a confiabilidade e o seu pleno uso. Juntamente com os metadados, a qualidade é fator fundamental para se estabelecer o grau de confiabilidade que o dados inspira;
d. Segurança de dados:
   Define os aspectos associados à proteção lógica e física do conteúdo dos dados, ao foco sobre o direito controlado do seu uso e aos aspectos de respeito à sua privacidade e ética. Esses são valores, cada vez mais, esperados pela sociedade, quando o assunto é uso dos dados. Em qualquer geografia;

Resumo: Esses quatro tipos de gestão de dados discutidos acima, são fundamentais nos tratamentos de dados locais e transnacionais, pois são pilares na derivação da confiança de usuários internos e externos.

4. Conceitos de transação e de tratamento de dados

Para se entender com maior profundidade os detalhes de dados com movimentos transnacionais, devemos observar dois conceitos fundamentais:

a. *Conceito de transação de dados.* Transação de dados é um conjunto de lógica codificada em linguagens de programação e embasada em tecnologias específicas, cujo objetivo é realizar os tratamentos de dados. Uma transação de compra feita na internet, por exemplo, terá segmentos de códigos escritos com o objetivo de analisar os dados solicitados, averiguar a sua qualidade, acoplar os dados aos outros necessários(Cliente, Produtos etc.), realizar eventuais cálculos que envolvem a compra (quantidade do elemento comprado, o seu preço unitário etc.) e gravar os devidos registros em arquivos/Base de dados, com identificações únicas(a compra terá um ID, uma data, além dos dados necessários à sua realização). Observe que uma transação no ambiente Internet poderá usar dados de locais geograficamente distintos.
b. *Processamento das transações*: Essas transações (ou cada uma delas, individualmente) poderá ser realizadas em uma ou mais unidades de processamentos, dentro de um ou mais computadores dispostos na Internet. Esse é o conceito de processamento distribuído, que viabilizou a chegada da Internet, onde milhões e milhões de sites executam transações e milhões e milhões de usuários as consomem.
c. *Tratamento de dados, conforme definido pela LGPD.* A LGPD no seu artigo 3, define como tratamento de dados praticamente todos os movimentos necessários aplicados sobre os dados de uma transação. Vai desde a coleta dos dados, a produção de dados, a recepção dos dados entrados, a sua classificação procurando tipificação, o acesso, reprodução, transmissão, distribuição etc. Ou seja, praticamente a LGPD define como tratamento qualquer ação realizada sobre os dados. Dessa forma, quaisquer ações executadas dentro do contorno lógico de uma transação de dados são consideradas como um tratamento.

Resumo: Por esses conceitos acima, é fundamental o entendimento dos aspectos transacionais de dados num ambiente complexo e transgeográfico como a Internet, observar os elementos que montam as ações de gestão de dados(interoperabilidade, qualidade, metadados e segurança) que caracterizam os dados envolvidos e o entendimento do conceito de tratamento estabelecido pela LGPD.

Referências:

The DAMA Guide to Data Management Body of Knowledge(Dama-DMBOK Guide)--Second Edition 2017.

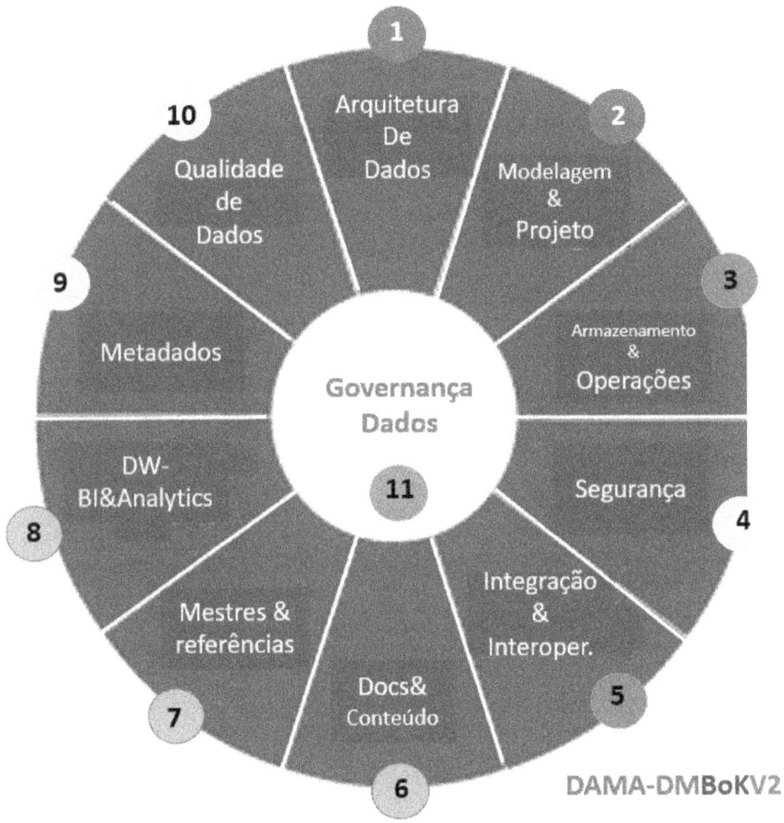

Figura-01-Framework-DAMA-DMBoKV2

CARLOS BARBIERI PALESTINO

Engenheiro, trabalha com dados desde os anos 80. Especialista em Governança e Gestão de Dados. Certificado pela CDMP-Certified Data Management Professional (DAMA International).

REFERÊNCIAS

AARONSON, Susan Ariel. Data Is Different, So Policymakers Should Pay Close Attention to Its Governance. In: BURRI, Mira (Org.). **Big Data and Global Trade Law**. Cambridge, Reino Unido: Cambridge University Press, 2021. p. 340–359.

ACCIOLY, Hildebrando; NASCIMENTO E SILVA, G. E. do; CASELLA, Paulo Borba. **Manual de Direito Internacional Público**. 20ª ed. São Paulo: Saraiva, 2012.

ALMEIDA, Virgilio; FILGUEIRAS, Fernando. **Governance for the Digital World: Neither More State Nor More Market**. New York, NY: Palgrave Macmillan, 2021.

ALMENDROS, Lola S.; ECHEVERRÍA, Javier. Ingenierías, Sociedades Digitales e Infoesfera: Una interpretación de la filosofía y la ética de la información de Luciano Floridi. **Revista CTS**, v. 14, n. 41, p. 149–167, 2019.

AMOS, S. W.; JAMES, Mike. **Principles of Transistor Circuits: Introduction to the Design of Amplifiers, Receivers and Digital Circuits**. Kent, Reino Unido: Reed Elsevier, 2000.

ANTUNES, José Engracia. Prefácio. In: TEUBNER, Gunther (Org.). **O Direito como Sistema Autopoiético**. Lisboa: Calouste Gulbekian, 1989. .

ARAUJO, Nadia de. Convenção de Haia sobre Escolha de Foro e o Brasil: Necessidade de Sua Adoção. **Revista Brasileira de Arbitragem**, v. 18, p. 27–38, 2008.

______. **Direito Internacional Privado: Teoria e Prática Brasileira**. Rio de Janeiro: Renovar, 2011.

ARBIX, Daniel do Amaral. **Resolução Online de Controvérsias: Tecnologias e jurisdições**. 2015. Doutorado – Universidade de São Paulo, 2015.

BAGESHPUR, Kiran. Data is the new oil – and that's a good thing. **Forbes**, 15 nov. 2019.

BARBIERI, Carlos. **Governança de Dados: Práticas, Conceitos e Novos Caminhos**. Rio de Janeiro: Alta Books, 2019.

BARFIELD, Woodrow; BARFIELD, Jessica. An Introduction to Law and Algorithms. In: BARFIELD, Woodrow et al (Org.). **The Cambridge Handbook of the Law of Algorithms**. Nova Iorque, EUA: Cambridge University Press, 2021. p. 3–15. Acesso em: 2 set. 2022.

BASSO, Maristela. **Curso de Direito Internacional Privado**. São Paulo: Atlas, 2020

BEAR, Mark. **Neurociências Desvendando o Sistema Nervoso**. Tradução Carla Dalmaz, Jorge Alberto Quillfeldt, Maria

Elisa Calcagnotto. 4ª ed. Porto Alegre: Artmed, 2017.

BELLI, Luca; DONEDA, Danilo. Data Protection in the BRICS Countries: Legal Interoperability through Innovative Practices and Convergence. **International Data Privacy Law**, p. ipac019, 7 nov. 2022. Acesso em: 16 jan. 2023.

BELLI, Luca; FODISTSCH, Nathalia. Network Neutrality: An Empirical Approach to Legal Interoperability. In: BELLI, Luca; DE FILIPPI, Primavera (Org.). **Net Neutrality Compendicum**. Londres, Inglaterra: Springer International Publishing, 2016. p. 281–298. Acesso em: 16 jan. 2023.

BERMAN, Paul Schiff. Choice of Law and Jurisdiction on the Internet. **University of Pennsylvania Law**, v. 153, 2005.

______. Cyberspace and the State Action Debate: The Cultural Value of Applying Constitutional Norms to Private Regulation. **University of Colorado Law Review**, v. 71, p. 1.263-1.310, 2000.

______. **Global Legal Pluralism: A Jurisprudence of Law Beyond Borders**. 1ª ed. Nova Iorque: Cambridge University Press, 2012.

______. The New Legal Pluralism. **Annual Review of Law and Social Science**, v. 5, n. 1, p. 225–242, 1 dez. 2009.

BERNERS-LEE, Tim. **Information Management: A Proposal**. Disponível em: <http://cds.cern.ch/record/369245/files/dd-89-001.pdf>. Acesso em: 14 nov. 2022.

BERNERS-LEE, Tim; CAILLIAU, Richard. **World Wide Web: Proposal for a HyperText Project**. Disponível em: <http://cds.cern.ch/record/2639699/files/Proposal_Nov-1990.pdf>. Acesso em: 14 nov. 2022.

BITTAR, Carlos Alberto. **Os Direitos da Personalidade**. 8ª ed. São Paulo: Saraiva, 2015.

BLUM, Renato O.; ARANTES, Camila R. Autoridades de controle, atribuições e sanções. In: MALDONADO, Viviane Nóbrega; BLUM, Renato Opice (Org.). **Comentários ao GDPR**. São Paulo: Thomson Reuters Brasil, 2021. p. Edição do Kindle.

BOBBIO, Norberto. **Teoria da Norma Jurídica**. Tradução Fernando Pavan Baptista; Ariani Bueno Sudatti. 2. ed. São Paulo: Edipro, 2003.

BOGGIANO, Antonio. **Curso de Derecho Internacional Privado: Derecho de las Relaciones Privadas Internacionales**. Buenos Aires: Abeledo-Perrot. , 2000

BRANCO, Carolina Nobre Castello; SANTIAGO, Nestor Eduardo Araruna. Ativismo Judicial e a Instrumentalidade do Processo: Um Diálogo com Georges Abboud e Guilherme Lunelli a partir da Obra de Cândido Dinamarco. **Quaestio Juris**, v. 13, n. 2, 2020.

BRANDÃO, Luíza Couto Chaves. **Fluxo Transnacional de Dados: Estruturas, Políticas e o Direito nas Vertentes da Governança**. 2020. Mestrado – Universidade Federal de Minas Gerais, 2020.

BRASIL. Portaria nº 16. Autoridade Nacional de Proteção de Dados. , 8 jul. 2021.

BRASIL. Superior Tribunal de Justiça, REsp 1568445-PR. [S.l: s.n.]. , 6 Inverno 2020

BRASIL,. Superior Tribunal de Justiça, AgReg. MS 61385-SP. [S.l: s.n.]. , 28 nov. 2022a

BRASIL. **Nota Técnica 20/2022**. [S.l: s.n.]., 17 maio 2022b

BRASIL. 17/2019. Projeto de Emenda à Constituição nº 17 de 2019. , fev. 2019.

BUREAU, DOMINIQUE; WATT, Horatia M. **Le droit international privé**. 5ª ed. Paris, França: Presses Univerrsitaires de France – PUF, 2021.

CAPURRO, Rafael. On Floridi's metaphysical foundation of information ecology. **Ethics and information technology**, v. 10, n. 2, p. 167–173, 1 set. 2008.

CARVALHO, Lucas Borges de. Soberania Digital: Legitimidade e Eficácia da Aplicação da Lei na Internet. In: SCHERTEL MENDES, Laura; ALVES, Sérgio; DONEDA, Danilo (Org.). **Internet & Regulação**. São Paulo: Saraiva Educação, 2021. .

CASTELLS, Manuel. **A Sociedade em Rede**. 21ª ed. Rio de Janeiro: Paz & Terra, 2020.

CERF, V.; KAHN, R. A protocol for packet network intercommunication. **IEEE Transactions and Communications**, v. 22, n. 5, p. 637–648, 1974.

CHAVES, Luis Fernando Prado. Capítulo V – Da Transferência Internacional de Dados. In: MALDONADO, Viviane Nóbrega; BLUM, Renato Opice (Org.). **LGPD: Lei Geral de Proteção de Dados Comentada**. São Paulo: Thomson Reuters Brasil, 2019. .

CLARK, D. The Design Philosophy of the DARPA Internet Protocols. **Computer Communication Review**, v. 18, n. 4, p. 106–114, 1988.

COHEN, Jason. **4 Companies Control 67% of the World's Cloud Infrastructure**. Disponível em: <https://perma.cc/J742-E5JK>. Acesso em: 18 nov. 2022.

COMER, Douglas E. **The Cloud Computing Book: The Future Of Computing Explained**. Florida, Estados Unidos da América: Taylor & Francis, 2021.

CORMEN, Thomas H. et al. **Introduction to Algorithms**. 3. ed. London, England: MIT Press, 2009. (The MIT Press).

CUNIBERTI, Gilles. The Merchant Who Would Not Be King: Unreasoned Fears about Private Lawmaking. In: MUIR WATT, Horatia; ARROYO, Diego P. F. (Org.). **Private International Law and Global Governance**. Oxford, Reino Unido: Oxford University Press, 2014. p. 141–155.

DASKAL, Jennifer. Borders and Bits. **Vanderbilt Law Review**, v. 71, n. 1, p. 179, 2019.

DE MOURA, Aline Beltrame. O critério de conexão da nacionalidade na doutrina e na legislação de direito internacional privado brasileiro (1863-1973). **Seqüência Estudos Jurídicos e Políticos**, v. 39, n. 79, p. 195–219, 14 nov. 2018. Acesso em: 24 jan. 2023.

DESCHAMPS, Jean-Pierre; VALDERRAMA, Elena; TERÉS, Lluís. **Digital Systems**. [S.l.]: Springer International Publishing, 2017. Acesso em: 22 set. 2022.

DOCKSEY, Christopher. Article 68. European Data Protection Board. In: KUNER, Christopher; AL., Et (Org.). **The EU General Data Protection Regulation: A Commentary**. Oxford, Inglaterra: Oxford University Press, 2020. .

DÖHMANN, Indra Spiecker Gen. A Proteção de Dados Pessoais sob o Regulamento Geral de Proteção de Dados da União Europeia. In: DONEDA, Danilo et al. (Org.). **Tratado De Proteção De Dados Pessoais**. Rio de Janeiro: Forense, 2021. .

DONEDA, Danilo. A proteção da personalidade no sistema brasileiro de proteção de dados pessoais. In: SARLET, Ingo Wolfgang; DONEDA, Danilo; MENDES, Laura Schertel (Org.). **Estudos sobre Proteção de Dados pessoais**. São Paulo: Expressa Jur. Edição do Kindle., 2022. .

______. **Da privacidade à proteção de dados pessoais**. 2ª ed. São Paulo: Thomson Reuters Brasil, 2020.

DURANTE, Massimo. **Ethics, Law and the Politics of Information**. Holanda: Springer Netherlands, 2017. Acesso em: 22 ago. 2022.

EUA, Gottschalk v. Benson. SCOTUS. [S.l: s.n.]. , 1972

EUROPA, Conselho da. Explanatory Report to the Convention for the Protection of Individuals with regard to Automatic Processing of Personal Data. **European Treaty Series**, n. 108, 1981.

EUROPEAN PHYSICS SOCIETY. **2019 Winter edition of the Emmy Noether Distinction – Interview with Cristiane Morais Smith**. Disponível em: <https://www.eps.org/blogpost/751263/338611/2019-Winter-edition-of-the-Emmy-Noether-Distinction--Interview-with-Cristiane-Morais-Smith?tag=Theoretical+Physics>. Acesso em: 22 set. 2022.

Facebook Ireland v. Gegevensbeschermingsautoriteit. União Europeia. [S.l: s.n.]. , 15 jun. 2021

Filho, Cléuzio Fonseca. **História da Computação: O Caminho do Pensamento e da Tecnologia**. Porto Alegre: Editora PUC-RS, 2007.

Fischer-Lescano, Andreas; Teubner, Gunther. Regime-Collisions: The Vain Search for Legal Unity in the Fragmentation of Global Law. **Michigan Journal of International Law**, v. 25, n. 4, p. 999- 1.046, 2004.

Flood, J. E. Alexander Graham Bell and the invention of the telephone. **Proceedings of the IEEE**, v. 123, n. 12, p. 1387–1388, 1976.

Floridi, Luciano. Four challenges for a theory of informational privacy. **Ethics and information technology**, v. 8, n. 3, p. 109–119, 1 jul. 2006.

______. Hyperhistory and the Philosophy of Information Policies. **Philosophy & technology**, v. 25, n. 2, p. 129–131, 1 jun. 2012. Acesso em: 19 nov. 2022.

______. Information ethics: On the philosophical foundation of computer ethics. **Ethics and information technology**, v. 1, n. 1, 1999.

______. Internet: Which Future for Organized Knowledge, Frankenstein or Pygmalion. **International Journal of Human Computer Studies**, v. 43, n. 2, p. 261–274, 1995.

______. Introduction. In: Floridi, Luciano (Org.). **The Onlife Manifesto: Being Human in a Hyperconnected Era**. Nova Iorque: Springer International Publishing, 2015. p. 7–16. Acesso em: 22 ago. 2022.

______. **The Ethics of Information**. Oxford, Reino Unido: Oxford University Press, 2013.

______. **The philosophy of information**. London, England: Oxford University Press, 2011.

Forsey, Caroline. **The Top 6 Search Engines, Ranked by Popularity**. Disponível em: <https://blog.hubspot.com/marketing/top-search-engines#:~:text=Google,-Image%20Source&text=With%20over%2080%25%20of%20the%20search%20market%20share%2C%20Google%20is,almost%2095%25%20of%20mobile%20traffic.>. Acesso em: 19 jan. 2023.

Frazão, Ana. Objetivos e Alcance da Lei Geral de Proteção de Dados. In: Tepedino, Gustavo; Frazão, Ana; Oliva, Milena Donato (Org.). **Lei Geral de Proteção de Dados Pessoais e suas Repercussões no Direito Brasileiro**. São Paulo: Thomson Reuters Brasil, 2019. .

Gaillard, Emmanuel. **Aspects Philosophiques de l'arbitrage International**. Oxford: Oxford University Press, 2008.

Gersting, Judith L. **Fundamentos Matemáticos para a Ciência da Computação: Matemática Discreta e suas Aplicações**. Tradução Valéria De Magalhães Iório. Rio de Janeiro: LTC, 2017.

GLOBAL DATA ALLIANCE. **Cross--Border Data Transfer Facts and Figures**. Disponível em: <https://globaldataalliance.org/wp-content/uploads/2021/07/gdafactsandfigures.pdf>. Acesso em: 9 set. 2022.

Gonçalves, Carlos Alberto. **Direito Civil Brasileiro: Parte Geral**. 8ª ed. São Paulo: Saraiva Educação, 2018.

Google, Inc v. CNIL. **União Europeia**. [S.l: s.n.]. , 24 set. 2019

Gottschalk, Eckart. The Law Applicable to Intellectual Property Rights: Is the Lex Loci Protectionis a Pertinent Choice-of-Law Approach? In: Gottschalk, Eckart et al. (Org.). **Conflict of Laws in a Globalized World**. Cambridge, Inglaterra: Cambridge University Press, 2007. .

Grossi, Bernardo. **O desafio da regulação de dados pessoais: entre autonomia e heteronomia**. 2023. Doutorado em Direito – Pontifícia Universidade Católica de Minas Gerais, 2023. Disponível em: <http://dx.doi.org/>. Acesso em: 17 jan. 2023.

Gutierrez, Andriei. Capítulo IX – Da Autoridade Nacional de Proteçãod e Dados (ANPD) e do Conselho Nacional de Proteção de Dados Pessoais e da Privacidade. In: Maldonado, Viviane Nóbrega; Blum, Renato Opice (Org.). **LGPD: Lei Geral de Proteção de Dados Comentada**. São Paulo: Thomson Reuters Brasil, 2019. .

______. Transferência Internacional de Dados e Estratégias de Desenvolvimento Nacional. In: Maldonado, Viviane Nóbrega; BLUM, Renato Opice (Org.). **Comentários ao GDPR**. São Paulo: Thomson Reuters Brasil, 2021. p. Edição do Kindle.

Haykin, Simon. **Redes Neurais: Princípios e Prática**. 2ª ed. Porto Alegre: Artmed, 2008.

Hertogh, Marc. What Is Non-State Law? Mapping the Other Hemisphere of the Legal World. In: Van Schooten, Hanneke; Verschuuren, Jonathan (Org.). **International Governance and Law: State Regulation and Non-State Law**. Cheltenham, Reino Unido: Edward Elgar Publishing, 2008. .

Hijmans, Hielke. Article 56. Competence of the lead supervisory authority. In: Kuner, Christopher; AL., Et (Org.). **The EU General Data Protection Regulation: A Commentary**. Oxford, Inglaterra: Oxford University Press, 2020. p. 913–927.

Hoeren, Thomas; Pinelli, Stefan. A Nova Lei Brasileira de Proteção de Dados – Uma Visão Crítica. In: Wachowicz, Marcos (Org.). **Proteção de Dados Pessoais em Perspectiva: LGPD E RGPD Na Ótica do Direito Comparado**. Curitiba: GEDAI UFPR, 2020. p. 25–38.

Hoffman, Frank (Org.). **Encyclopedia of Recorded Sound**. Nova Iorque: Routledge, 2005.

Hoffmann-Riem, Wolfgang. **Teoria Geral do Direito Digital: Transformação Digital. Desafios para o Direito**. Tradução Italo Fuhrmann. 2ª ed. Rio de Janeiro: Forense, 2022.

Howe, G. W. O. Alexander Graham Bell and the Invention of the Telephone. **Nature**, v. 159, p. 455–457, 1947.

Jones, Robert T. Extraterritoriality in U.S. Antitrust: An International "Hot Potato". **International Lawyer**, v. 11, n. 3, p. 415–435, 1977.

Kuner, Christopher. Article 44. General principle for transfers. In: Kuner, Christopher; AL., Et (Org.). **The EU General Data Protection Regulation: A Commentary**. Oxford, Inglaterra: Oxford University Press, 2020a. .

______. Article 46. Transfers subject to appropriate safeguards. In: KUNER, Christopher; AL., Et (Org.). **The EU General Data Protection Regulation: A Commentary**. Oxford, Inglaterra: Oxford University Press, 2020b..

______. Extraterritoriality and Regulation of International Data Transfers in EU Data Protection Law. **International Data Privacy Law**, v. 5, n. 4, p. 235–245, 9 out. 2015.

LALIVE, Pierre. Tendances e Métodes en Droit International Privé. In: RECUIEL DES COURS, 1977, Haia: Academie de Droit International de la Haye, 1977.

LAND, Molly K. The Problem of Platform Law. In: BERMAN, Paul Schiff (Org.). **The Oxford Handbook of Global Legal Pluralism**. Londres, Inglaterra: Oxford University Press, 2020. p. 975–994.

LEGRAND, Pierre. **Como ler o direito estrangeiro**. São Paulo: Editora Contracorrente. Edição do Kindle., 2018.

______. The Same and The Different. In: LEGRAND, Pierre; MUNDAY, Roderick (Org.). **Comparative Legal Studies: Traditions and Transitions**. Cambridge, Inglaterra: Cambridge University Press, 2003..

LÉVY, Pierre. **O que é o Virtual?** 2ª ed. São Paulo: Editora 34, 2011.

LI, Dayong. **Full Explanation of Central Processing Unit (CPU)**. China: Wenyue Publisher, 2020.

LIMA, Caio Cesar. Objeto, aplicação material e aplicação territorial. In: MALDONADO, Viviane Nóbrega; BLUM, Renato Opice (Org.). **Comentários ao GDPR**. São Paulo: Revista dos Tribunais, 2021..

MANDELBAUM, Howard. Gottschalk v. Benson: The Supreme Court Takes a Hard Line on Software. **St Johns. Law Rev.**, v. 47, n. 4, p. 635–661, 1973.

Mario Costeja Gonzalez v. Google Spain. União Europeia. [S.l: s.n.]. , 2014

MARQUES, Ana Luíza. Erosão Constitucional e Governança Digital: a influência das plataformas de mídias sociais em processos eleitorais e a solução proposta com a criação do Facebook Oversight Board. In: MARQUES, Ana Luiza; POLIDO, Fabrício P.; ALVES, Marco Antônio (Org.). **Direito e Tecnologias: estudos sobre um mundo em transformação**. Belo Horizonte: Initia Via, 2022..

MARQUES, Fernanda Mascarenhas; AQUINO, Theófilo Miguel de. O Regime da Transferência Internacional de Dados na LGPD: Delineando as Opções Regulatórias Em Jogo. In: DONEDA, Danilo et al. (Org.). **Tratado De Proteção De Dados Pessoais**. Rio de Janeiro: Forense, 2021.

MARQUES, Ricardo Dalmaso. A Resolução de Disputas Online (ODR): Do Comércio Eletrônico ao seu Efeito Transformador sobre o Conceito e a Prática do Acesso à Justiça. **Revista de Direito e as Novas Tecnologias**, v. 5, 2019.

MAXIMILIANO, Carlos. **Hermenêutica e aplicação do direito**. 20ª ed. São Paulo: Forense, 2011.

MAZZUOLI, Valério de Oliveira. **Curso de Direito Internacional Privado**. 3ª ed. Rio de Janeiro: Forense, 2018.

MEESSEN, Karl M. Antitrust Jurisdiction under Customary International Law. **The American journal of international law**, v. 78, n. 4, p. 783–810, 1984.

MELLO, Marcos Bernardes de. **Teoria do Fato Jurídico: Plano da Existência**. 18ª ed. São Paulo: Editora Saraiva, 2012.

MENDES, Laura Schertel. Apresentação. In: HOFFMANN-RIEM, Wolfgang (Org.). **Teoria Geral do Direito Digital: Transformação Digital. Desafios para o Direito**. Tradução Italo Fuhrmann. 2ª ed. Rio de Janeiro: Forense, 2022a.

______. Autodeterminação informativa: a história de um conceito. In: SARLET, Ingo Wolfgang; DONEDA, Danilo; MENDES, Laura Schertel (Org.). **Estudos sobre Proteção de Dados pessoais**. São Paulo: Expressa Jur. Edição do Kindle., 2022b.

______. **Privacidade, proteção de dados e defesa do consumidor: Linhas gerais de um novo direito fundamental**. São Paulo: Saraiva, 2014.

MERRY, Sally Engle. Legal Pluralism. **Law Soc. Rev.**, v. 22, n. 5, p. 869–896, 1988.

MICHAELS, Ralf. Global Legal Pluralism. **SSRN Electronic Journal**, n. 5, p. 1–35, 2009.

______. Post-critical Private International Law: From Politics to Technique. In: MUIR WATT, Horatia; ARROYO, Diego P. F. (Org.). **Private International Law and Global Governance**. Oxford, Reino Unido: Oxford University Press, 2014. p. 54–67.

______. The Re-state-ment of Non-State Law: The State, Choice of Law and the Challenge from Global Legal Pluralism. **Wayne Law Rev.**, v. 51, p. 1.209-1.258, 2005.

______. What is Non- state Law? A Primer. In: HELFAND, Michael A. (Org.). **Negotiating State and Non-State Law: The Challenge of Global and Local Legal Pluralism**. Cambridge, Inglaterra: Cambrdige University Press, 2015. .

MICHAELS, Ralf; JANSEN, Nils. Private Law beyond the State? Europeanization, Globalization, Privatization. **The American journal of comparative law**, v. 54, n. 4, p. 843–890, 2006.

MOEREL, Looke. **Binding Corporate Rules: Corporate Self-Regulation of Global Data Transfers**. Londres: Oxford University Press, 2012.

MUIR WATT, Horatia. Hospitality, Tolerance, and Exclusion in Legal Form: Private International Law and the Politics of Difference. **Current Legal Problems**, v. 70, n. 1, p. 111–147, 14 set. 2017. Acesso em: 15 jan. 2023.

MUSTILL, Lord. The New Lex Mercatoria: The First Twenty-five Years. In: BROWNLIE, Ian (Org.). **Liber Amicorum: Lord Wilberforce**. Oxford: Oxford University Press, 1987. p. 86–119.

NAIL, Thomas. **Theory of the Border**. Oxford, Reino Unido: Oxford University Press, 2016.

NOBEL, Prize. **Wlliam B. Shockley: Facts**. Disponível em: <https://perma.cc/5NBX-R6ZS>. Acesso em: 22 set. 2022.

ONU. Fragmentation of International Law: Difficulties Arising From The Diversification and Expansion of International Law. In: 58ª SESSÃO, 2006, Genebra. *Anais...* [S.l.]: International Law Commission, 2006. p. 256.

PASQUALE, Frank. **The Black Box Society: The Secret Algorithms that Control Money and Information**. Cambridge, Mass: Harvard University Press, 2015.

PINHEIRO, Patricia Peck. **Proteção de Dados Pessoais: Comentários à Lei n. 13.709/2018 (LGPD)**. São Paulo: Saraiva Educação, 2018.

PINTO, Álvaro Vieira. **O Conceito de Tecnologia**. Rio de Janeiro: Contraponto, 2005. v. II.

PIOVESAN, Flávia. **Direitos humanos e justiça internacional: um estudo comparativo dos sistemas regionais europeu, interamericano e africano**. 5ª ed. São Paulo: Saraiva, 2014.

PLATT, Charles. **Encyclopedia of Electronic Components: Resistors, Capacitors, Inductors, Semiconductors, Electromagnetism**. Estados Unidos da América: Maker Media, 2012.

PORTMESS, Lisa; TOWER, Sara. Data barns, ambient intelligence and cloud computing: the tacit epistemology and linguistic representation of Big Data. **Ethics and information technology**, v. 17, n. 1, p. 1–9, 1 mar. 2015.

POWELL, Allison. **The Tragedy...and Triumph of President James A. Garfield and Alexander Graham Bell**. Disponível em: <https://perma.cc/2D67-LNM6>. Acesso em: 19 set. 2022.

PROUST, Olivier; BARTOLI, Emmanuelle. Binding Corporate Rules: A Global Solution for International Data Transfers. **International Data Privacy Law**, v. 2, n. 1, p. 35–39, 25 nov. 2011. Acesso em: 9 fev. 2023.

RICHTER, Heiko; SLOWINSKI, Peter R. The Data Sharing Economy: On the Emergence of New Intermediaries. **IIC – International Review of Intellectual Property and Competition Law**, v. 50, n. 1, p. 4–29, 1 jan. 2019.

RÖDER, Marcus Paulo; LANA, Pedro de Perdigão. A Cláusula Aberta dos Interesses Legítimos e as Autoridades Nacionais: Análise Comparativa entre LGPD e RGPD. In: WACHOWICZ, Marcos (Org.). **Proteção de Dados Pessoais em Perspectiva: LGPD E RGPD Na Ótica do Direito Comparado**. Curitiba: GEDAI UFPR, 2020. p. 210–241.

SALAYMEH, Lena; MICHAELS, Ralf. Decolonial Comparative Law: A Conceptual Beginning. **Rabel Journal of Comparative and International Private Law (RabelsZ)**, v. 86, n. 1, p. 166–188, 2022.

SANTOSUOSSO, Amedeo; MALERBA, Alessandra. Legal Interoperability as a Comprehensive Concept in Transnational Law. **Law, Innovation and Technology**, v. 6, n. 1, p. 51–73, 27 maio 2014.

SARLET, Ingo Wolfgang. Prefácio. In: HOFFMANN-RIEM, Wolfgang (Org.). **Teoria Geral do Direito Digital: Transformação Digital. Desafios para o Direito**. Tradução Italo Fuhrmann. 2ª ed. Rio de Janeiro: Forense, 2022a.

______. Proteção de Dados Pessoais como Direito Fundamental Autônomo na Constituição Brasileira de 1988. In: SARLET, Ingo Wolfgang; DONEDA, Danilo; MENDES, Laura Schertel (Org.). **Estudos sobre Proteção de Dados pessoais**. São Paulo: Expressa Jur. Edição do Kindle., 2022b.

SCHENFELD, Matheus Crespi. **Fog e Edge Computing: Uma Arquitetura Híbrida em um Ambiente de Internet das Coisas**. 2017. Mestrado – Pontifícia Universidade Católica do Rio Grande do Sul, 2017.

SCHERER, Matthew U. Regulating Artificial Intelligence Systems: Risks, Challenges, Competencies and Strategies. **Harvard Journal of Law & Technology**, v. 29, n. 2, p. 354–400, 2016.

SHAFFER, Gregory. Theorizing Transnational Legal Ordering. **Annual Review of Law and Social Science**, v. 12, n. 1, p. 231–253, 27 out. 2016.

SILVA, Carlos Affonso da; LEMOS, Ronado. **Marco Civil da Internet: Construção e Aplicação**. Juiz de Fora: Editar Editora Associada Ltda., 2016.

SILVEIRA, Daniel. **Circuitos Lógicos: Portas Lógicas**. [S.l: s.n.]. Disponível em: <https://www.ufjf.br/daniel_silveira/files/2011/06/aula_2.pdf>. Acesso em: 22 set. 2022. , 2011

SLANE, Andrea. Tales, Techs, and Territories: Private International Law, Globalization, and the Legal Construction of Borderlessness on the Internet. **Law and Contemporary Problems**, v. 71, n. 3, p. 129–151, 2008.

SOUZA, Odecio. **Edgar Frank Codd e o Banco de Dados Relacional: Uma contribuição para a História da Com-**

putação. 2014. Mestrado – Pontifícia Universidade Católica de São Paulo, 2014.

STALLINGS, William. **Arquitetura e Organização de Computadores**. Tradução Sérgio Nascimento. 10ª ed. São Paulo: Pearson Education do Brasil, 2017.

STONE, Florence M. **The Oracle of Oracle: The Story of Volatile CEO Larry Ellison and the Strategies Behind His Company's Phenomenal Success**. Estados Unidos da América: AMACON, 2002.

SVANTESSON, Dan Jerker B. Article 3. Territorial Scope. In: KUNER, Christopher; AL., Et (Org.). **The EU General Data Protection Regulation: A Commentary**. Oxford, Inglaterra: Oxford University Press, 2020. p. 74–99.

______. Extraterritoriality and Targeting in EU Data Privacy Law: The Weak Spot Undermining the Regulation. **International Data Privacy Law**, v. 5, n. 4, p. 226–234, 27 set. 2015. Acesso em: 26 jan. 2023.

______. The Extraterritoriality of EU Data Privacy Law: Its Theoretical Justification and Its Practical Effect on U.S. Businesses. **Stanford J. Int. Law**, v. 50, n. 1, p. 53–102, 2014.

TADDEO, Mariarosaria. The moral value of information and information ethics. In: FLORIDI, Luciano (Org.). **The Routledge Handbook of Philosophy of Information**. Routledge Handbooks in Philosophy. Londres, Reino Unido: Routledge, 2016. p. 361–374.

TAN, Kok-Chor. **Justice without Borders: Cosmopolitanism, Nationalism, and Patriotism**. Cambridge, Inglaterra: Cambridge University Press, 2004.

TEUBNER, Gunther. Breaking Frames: Economic Globalization and the Emergence of Lex Mercatoria. **European Journal of Social Theory**, v. 5, n. 2, p. 199–217, 1 maio 2002.

______. **O direito como Sistema Autopoiético**. Lisboa: Fundação Caluste Gulbekian, 1993.

THE ECONOMIST. The world's most valuable resource is no longer oil, but data. **The Economist**, 6 maio 2017.

TURING, A. M. On Computable Numbers. **Proceedings of the London Mathematical Society**, p. 230–265, 1936.

UNIÃO EUROPEIA. 3/2018. Diretrizes nº 3/2018. 2018.

VAINZOF, Rony. Capítulo I – Disposições Preliminares. In: MALDONADO, Viviane Nóbrega; BLUM, Renato Opice (Org.). **LGPD: Lei Geral de Proteção de Dados Comentada**. São Paulo: Thomson Reuters Brasil, 2019. p. 22–200.

______. Dados Pessoais, Tratamento e Princípios. In: MALDONADO, Viviane Nóbrega; BLUM, Renato Opice (Org.). **Comentários ao GDPR**. São Paulo: Thomson Reuters Brasil, 2021. p. Edição do Kindle.

VALES, Rúben; MOURA, José; MARINHEIRO, Rui. Energy-aware and adaptive fog storage mechanism with data replication ruled by spatio-temporal content popularity. **Journal of Network and Computer Applications**, v. 135, p. 84–96, 1 jun. 2019.

WACHOWICZ, Marcos; REUSING, Luciana. Os Elementos de Conexão nas Relações Jurídicas Consumeristas e Contratuais: Análise de sua Atuação na LGPD e no RGPD. In: WACHOWICZ, Marcos (Org.). **Proteção de Dados Pessoais em Perspectiva: LGPD e RGPD na Ótica do Direito Comparado**. Curitiba: GEDAI UFPR, 2020. p. 594–627.

WANG, Faye Fangfei. **Internet Jurisdiction and Choice of Law: Legal Practices in the EU, US and China**. [S.l.]: Cambridge

University Press, 2010. Acesso em: 11 fev. 2023.

WEBER, Rolf H. Legal Interoperability as a Tool for Combatting Fragmentation. **Global Comission on Internet Governance Paper Series**, n. 4, 2014.

WEIL, Prosper. Towards Relative Normativity in International Law? **The American journal of international law**, v. 77, n. 3, p. 413–442, 1983.

Weltimmo v. Nemzeti Adatvédelmi és Információszabadság Hatóság. União Europeia. [S.l: s.n.]. , 1 out. 2015

WIEDEMANN, Klaus. Profiling and (automated) decision-making under the GDPR: A two-step approach. **Computer Law & Security Review**, v. 45, p. 105662, 1 jul. 2022.

WIMMER, Miriam; MORAES, Thiago Guimarães. Quantum Computing, Digital Constitutionalism, and the Right to Encryption: Perspectives from Brazil. **Digital Society**, v. 1, n. 2, p. 12, 12 ago. 2022.

ZIEGERT, Klaus A. World Society, Nation State and Living Law in the Twenty-first Century. In: HERTOGH, Marc (Org.). **Living Law: Reconsidering Eugen Ehrlich**. Londres: Hart Publishing, 2009. p. 223–236.

ZUBOFF, Shoshana. **The Age of Surveillance Capitalism: The Fight for a Human Future at the New Frontier of Power**. Londres: Profile Books, 2019.